Snow Man

9人のキセキ

池松 紳一郎

太陽出版

プロローグ

先日、都内の脳機能回復病院に入院した友人を見舞った際の話である。

同室の齢80前後のご令嬢が、いきなりテレビ情報誌を手に、

「今日のＳｎｏｗ Ｍａｎの番組、何時からか見てくださらない？」

――と声をかけてきたのだ。

当日は日曜日、ゆえにＴＢＳ系『それＳｎｏｗ Ｍａｎにやらせて下さい』のことを指しているのだろう。

私は「午後1時からＴＢＳですね」と答え、再び友人のほうに体を向けたのだが、ご令嬢は私の背中に向かって、

「向井康二さんが好きなんですよ」

――と、追い打ちをかけるかのように言葉を投げかけてくるではないか。

いかにも〝映える〟ラウールや目黒蓮、ましてやリーダーの岩本照でもなく「(何でジーコ?)」と興味を引かれた私は、すかさず「いいご趣味をなさってますね」と反応した。

関西ジャニーズJr.からSnow Man入りして以来、ようやく水を得た魚のようにバラエティ番組で活躍する向井に対してリスペクトすら感じている私だが、このひと言がご令嬢には一種の皮肉のように受け取られたのか、

「アナタは向井さんの良さを全然わかってない」

――と、30分ほどお説教を喰らうオチを招いてしまう(苦笑)。

ご令嬢が属するいわゆる〝町内会〟的なコミュニティでは、Snow Man、そして向井康二の評判がすこぶる高いという。

バラエティ番組ではピエロ役に徹し、常にSnow Manのメンバーを引き立てようとおどける向井。

ご令嬢は自分に限らず高齢者は「人を見る目がある」と自信満々に切り出すと、

「向井さんのような孫が欲しい」

「(本物の孫なら)何でも言うことを聞いてあげる」

――などと溺愛ぶりを発揮する。

また自分の周囲にはメンバー9人それぞれに熱狂的なファンがいるそうで、そのコミュニティではいつも、

「みんなでSnow Manの話をしたら若返る。

いつかはコンサートにも行ってみたい」

――と話題になるらしい。

「SixTONESでもKing & PrinceでもなくSnow Manが一番だ!」

――と応援するご令嬢たちに、興味を持たないのはいかにももったいない気持ちになったのだ。

数日後に友人は退院し、通院でのリハビリを受けることになった。

私は素直に友人の回復を喜びながらも、見舞いに行かなければご令嬢に会えない寂しさすら感じていた。

何よりもSnow Manのファン層がバラエティに富み、偉大なる先輩のSMAPや嵐が〝TVスター〟としてファン層を拡大し始めた頃と同じ匂いを放っている。

ご令嬢たち高齢者のファン層が、Snow Manに何を感じ、何を期待しているのか?

もう少しインタビューしてみたかったのが本音だ。

少し喩えは相応しくないかもしれないが、年齢層は問わず、皆さんもこれまでに一度や二度は「人生最後に食べたいご馳走」や「地球滅亡の前夜に食べたい晩ごはん」などの空想話をご友人と語り合ったことがあるだろう。

まさにご令嬢たちは、人生最後の『推しメン』にＳｎｏｗＭａｎを選び、ご自身の人生に花を添えているのではないだろうか？

本書はそんなご令嬢たちはもちろんのこと、ＳｎｏｗＭａｎに新時代のアイドル像や価値観を見出したファンの皆さんにも届くように、知られざる彼らの魅力を伝えるガイダンスの役割を務めたいと願っている。

その理由はただ1つ、ＳｎｏｗＭａｎは生涯応援するに相応しい、バラエティに富んだグループだと確信しているからだ――。

目次

1st Chapter

岩本照

Hikaru Iwamoto

岩本照とジェシーの関係性に見る〝ライバル関係〟

10月8日に横浜アリーナで行われたＳｎｏｗ Ｍａｎ初の全国ツアー『Ｓｎｏｗ Ｍａｎ ＬＩＶＥ ＴＯＵＲ ２０２１ Ｍａｎｉａ』の初日公演に、ＳｉｘＴＯＮＥＳのジェシー、髙地優吾、森本慎太郎の3人が見学に駆けつけていたという。

当日のファンによるＴｗｅｅｔでも話題になったほか、翌日のワイドショーやスポーツ紙でも取り上げられ、そこには自分が着用していたオレンジ色のジャケットをノリノリで振り回すジェシーの姿が映されていた。

Ｓｎｏｗ Ｍａｎのリーダー・岩本照が応じた会見コメントでも、岩本が29曲中11曲の振付をしたことについて、ジェシーから——

『踊りすぎじゃない？』

——とツッコまれたこと、有観客ライブの初日、1公演目に来てくれたことに対して、

『ライバルであり仲間であるところの高ぶる気持ちがありました』

——と、岩本の言葉が各メディアでも報じられた。

ここではそんな岩本照とジェシーの関係性について、改めて普遍的な視点から眺めてみたい。

岩本とジェシーには2才の年齢差があるが、同時期に入所した〝同期〟にあたる。

共に身長180センチ超の長身で、ジャニーズJr.時代から舞台での共演も多く、〝岩ジェシ〟、〝岩ジェ〟などの呼び名でJr.ファンから人気を集めていた。

もちろんテレビ番組での共演も多く、たとえばその一つにデビュー直前の『調べるJ』（テレビ朝日系）がある。

この番組で2人はフィットネスインストラクターとして対決。当時流行していた格闘系暗闇フィットネスを舞台に、それぞれが考えた15分のプログラムをジムの会員にレクチャー。

普段から『あまりトレーニングはしない』というジェシーに対し、片やTBS系『SASUKE』に挑戦するなど〝週9〟でジムに通い、普通に午前と午後でジムをはしごをする〝マッスルモンスター〟岩本。

ところが対決の軍配はジェシーに上がり、岩本の敗因が「（メニューが）キツすぎる」だったのも、いかにもストイックな岩本らしいオチだったのではないだろうか。

Jr.時代にも2人揃って出演したのが『まいど！ジャーニィ〜』（BSフジ）で、〝同期〟をテーマにした放送回。

当時はまだSnow Manが6人体制だった頃で、ジェシーにとって〝唯一タメ口で喋れる〟のは岩本だけと明かし、2人の関係性について――

『いい感じの距離感』

『お互いを頼っている』

――と発言すれば、岩本もお互いの価値観などを、

『俯瞰で見れる』

――と答え、〝同期の特別な信頼関係〟を感じさせてくれた。

〝東のギャガー〟ジェシーに対し、〝クールなキャラ〟の岩本。

一見、対照的に見える2人だが、共通するのは〝真面目な話が好き〟な点で、周囲のメンバーによると――

『アイツらの〝マジ語り〟が始まると疲れるから早目に退散する』

――と、恐れられて(?)いるようだ。

周囲のメンバーを寄せつけないほどの〝マジ語り〟とは、それは相当〝アツい〟語りが2人の間に展開されているに違いない。

総勢300人超のジャニーズJr.が集結し、19年ぶりにジャニーズJr.単独東京ドーム公演が行われた『ジャニーズJr.8・8祭り～東京ドームから始まる～』でも、デビュー発表のシーンを含め、大きな見せ場を作ったのは岩本とジェシーだった。

デビュー後もグループの振付をいくつも担当し、自らもダンスやアクロバットを披露する岩本。

SixTONESのメインボーカルの一人として、グループの楽曲を印象付けるジェシー。

絶対的な武器を持っているのが2人の最大の強みだろう。

ライバルであり仲間――。

2020年1月22日にジャニーズ事務所初の同日同時デビューを飾ったSnow ManとSixTONES。

月日を重ね、楽曲リリースをするごとに、音楽やパフォーマンスの方向性、グループの特色もはっきりしてきた。

これまでジャニーズの世界に触れてこなかった層にも、両者の印象が色濃く残っているように思う。

『どんどん楽曲が韓流アーティストっぽくなっていくな』〈ジェシー〉

『韓流？　超えてやるよ』〈岩本照〉

普通なら指摘し難いことも、岩本とジェシーの間には遠慮がない。

それもまた、2人の関係性が平等で普遍的に継続している証なのだ。

10年も先にデビューしている〝後輩〟のSexy Zone。

ジャニーズJr.として同じ時代を駆け抜けてきたKing & Prince。

さらに11月12日には関西の雄、なにわ男子がデビューを飾った。

そしてもちろんSixTONES。

この5グループがほぼ横並びで切磋琢磨できる環境こそが、新時代を迎えたジャニーズ事務所の〝象徴〟と言えるのではないだろうか。

デビューするまで長い道のりを歩んできた岩本照とジェシー。

今では互いにグループの顔として活動し、〝岩ジェシ〟はもちろん、SnowManとSixTONESが〝一つのパッケージ〟として出演する機会も激減した。

これからは互いが高みを目指し、真の意味で〝良きライバル〟になり得る関係性を充実させていって欲しい。

〝筋肉吟遊詩人〟岩本照の向かう先

その見事な筋肉美でフィットネス誌『Tarzan』の表紙を複数回飾っている岩本照。

『こんなこと言ったら事務所に怒られるかもしれないけど、あくまでも〝個人的には〟どの雑誌の表紙に起用されるよりも、Tarzanさんの表紙に呼んでもらえることが一番嬉しい。もちろん顔よりも筋肉メインで（笑）』〈岩本照〉

『Tarzan』では〝筋肉吟遊詩人〟の異名を取り、ジャニーズJr.時代の2018年から『筋肉吟遊詩人・岩本照裏切りの筋トレ・メソッド』という月1連載を持っているほどの〝玄人はだし〟の筋トレマニア。

大型スポーツバラエティ番組『SASUKE』仲間でもあるゴールデンボンバー・樽美酒研二との〝筋トレ対談〟も掲載され、お互いにそれぞれのトレーニング哲学を戦わせたこともあった。


『研二さんは僕にとってシンプルに〝お兄ちゃん〟的な存在ですね。

損得勘定とか関係なしに、「ずっと一緒にいたい」と思わせてくれる人。

芸能界に研二さんの存在があるからこそ、筋トレをやっていても〝上の世界〟に行ける。

これからも研二さんのおかげで、心もカラダも強くなっていくと確信しています』〈岩本照〉

同誌の関係者氏によると、岩本は『SASUKE』に出るために筋トレをするのではなく、筋トレの延長線上に『SASUKE』の存在があり、番組で知り合った様々なチャレンジャーたちと筋トレ話に花を咲かせ、〝良い〟と思った筋トレのメソッドを自分のトレーニングにも取り入れているそうだ。

『筋トレはもう、自分の生活の一部ですからね。
ただし、あまりにもバキバキになりすぎず、
舞台やステージ上でのアクロバットの邪魔にならないカラダであることが絶対的な条件。
そのための理想は〝体重68～69キロ〟で〝体脂肪率5％〟くらい。
身長が182センチあるし、それぐらいが一番キレイに見えると思う。
僕はすごく体重が変動するタイプで、下は65キロぐらいから、上は72キロぐらいまで。
太ってるときはだいたい『滝沢歌舞伎zero』のとき。
稽古も本番もハードですけど、
滝沢くんが毎晩俺たちを焼き肉に連れていってくれるから、
めっちゃ肉と白飯を食うんですよ（笑）』〈岩本照〉

舞台のときは焼き肉のみならず、1日に詰め込めるだけ詰め込み、あえて脂肪を増やして体を大きく見せようと考えているそうだ。

『体を大きく見せるのは、単純に〝見栄えが良い〟のと〝迫力感を出す〟ためです。

それには絶対的に〝一流の筋トレ〟が必要になってきます。

一流の筋トレとは、すなわち〝一流のメソッド〟を身につけること。

筋トレブームが起こると三流のメソッドしか行えていない人が大半で、
そういう人は理想のカラダに近づけないと筋トレを投げ出してしまう。

それと勘違いされているのは、

「高いお金を払って有名なジムに行かないと一流のメソッドを得られない」と思う人があまりにも多く、
すぐに結果が出ないと投げ出してしまうこと。

一流のメソッド、一流の筋トレには少しの工夫で効果が倍増する理論があるんです。

まずは体の部位ごとに〝一流の筋トレ理論〟を学びましょう』

それは〝筋肉吟遊詩人〟である、自分の連載から学べるということかな?

樽美酒研二ほど懇意ではないが、最近ではあの筋肉芸人、マヂカルラヴリー・野田クリスタルとも筋トレについての情報交換をしているという岩本。

『野田さんが面白いのは、「超売れっ子になる直前まで、筋トレを近所の公園でやっていた」――というエピソードを持っているところですね。野田さんはネットで筋肉と筋トレについて徹底的に学んで、いかにお金をかけずに筋肉を増やすか、公園で実践していたというんです。『SASUKE』メンバーの中にも野田さんと同じメソッドを持っている人はたくさんいて、独学でも自分の理想に近づけることを証明していますからね』

そんな岩本照は、そこまで一流のメソッド、筋トレを究め、その先はどこへ向かおうというのだろうか？

『〝どこへ向かうのか〟と言われれば、
俺自身は一生筋トレを続けるつもりなので、今はどこに向かうのかはわかりません。
もうすぐ30才になるけど、30の自分、40の自分、50の自分って、
物理的な肉体の衰えが始まったらメソッドにも変化が現れるでしょうし。
でも一つだけ言えるのは、
「いくつになっても一流のメソッドと筋トレをキープしているだろうな」ってこと。
だから〝答え〟としては、
「一流の自分であり続けること」――かな』

そう答える岩本照には一点の曇りもない。

『一流のメソッドと筋トレをキープして、一流の自分であり続けること』

それが岩本照の見据える〝未来の自分〟なのだ。

KAT-TUN上田竜也からの挑戦状!

岩本照は先のエピソードでもお話ししている通り、総合フィットネス雑誌『Tarzan』で「筋肉吟遊詩人・岩本照 裏切りの筋トレ・メソッド」という筋トレ連載を持つ〝肉体派〟。

実戦(?)でも『SASUKE』シリーズ(TBS系)に今年で7回目の出場を果たす常連メンバーの一人。

今年3月に出演した『1億3000万人のSHOWチャンネル』(日本テレビ系)でも、アクロバットに挑戦する際に――

『筋肉痛はAmazonより早く届くプレゼント』〈岩本照〉

――という名言を発し、櫻井翔を驚かせたほど。

誰もが知るジャニーズきっての筋肉キャラの岩本照だが、一方では3歳からピアノのレッスンを始め、小学校の卒業式では卒業生の合唱で伴奏を務めたほどの腕前。

ライブのソロコーナーでも、その腕前が如何なく発揮されていることで皆さんにもお馴染みだろう。

「ジャニーズの〝バンドドラマ〟ではドラムやギターも披露。ゴールデンボンバーの樽美酒研二さんを〝兄貴〟と慕うのは、筋トレだけではなく音楽的な趣味や話が合うからです」〈ベテラン放送作家〉

ダンスやアクロバットのスキルだけではなく、あまりにも多彩な岩本照の才能ゆえ、滝沢秀明ジャニーズ事務所副社長も大きな期待を寄せているのだ。

そんな岩本には、これまでに何度か『TEPPEN』〝ピアノ王〟からオファーが届いているそうだ。

『最初の頃はクロちゃんやミッツ(・マングローブ)さんも出演していたけど、最近の〝ピアノ王〟はレベルが高すぎる。
今はピアノのレッスンを受けるよりも筋トレの時間のほうが欲しい』〈岩本照〉

そんな岩本とは対照的に、その『TEPPEN』に――

『〝ジャニーズピアノ大王〟を企画してもらって、この際だから誰が一番かを決めたい』

――と意欲的なのが、KAT-TUN上田竜也だという。

上田も『炎の体育会TV』(TBS系)で見せる熱血ぶりから〝体育会系ジャニーズ〟の代表格と見られているが、KAT-TUNのライブでは優しく繊細な音色でピアノ演奏を披露することで知られている。

『今はなき〝アニキ会〟の若頭としては、
翔のアニキとは戦いたくないけど、
ケンティや岩本、
それからピアノをやっている重岡(大毅)や伊野尾(慧)には、
絶対に負けたくない！』〈上田竜也〉

果たして『TEPPEN』で〝ジャニーズピアノ王〟は実現するのか?

もし実現したら、これほど面白い企画はないと思うのだが。

そしてもちろん〝優勝の大本命〟は岩本照。

いざやるとなれば、決して妥協を許さない岩本照の〝ピアノ魂〟に火がつくに違いないのだから。

岩本照フレーズ

『〝何で挑戦するのか？〟と言われても、
「やりたいから」――としか答えようがないんだよね。
それと自分で「やりたい」と言った以上、
結果を残すためのトレーニングは当たり前だしさ』

TBS系『SASUKE』に挑戦し、自分の限界に挑み続ける岩本照。たとえ思うような結果を出せなくても、「やりたいからやる」強い意思は挫けない。

『最近よく考えるのは、いろいろなお仕事に呼んでもらったとき、
メンバー内でも〝爪痕を残そうぜ〟みたいな話になることがあって、
果たしてそれが正解かどうか、リーダーとして悩むところなんですよね』

特にバラエティ番組で大はしゃぎして目立つことが〝爪痕〟と勘違いする芸人やタレントもいるが、岩本照は『本当の爪痕って、（番組側が）次も呼びたくなる余韻とか興味を感じてもらうことなんじゃないの？　無理にはしゃぐ必要はないし、逆に（番組の）進行上の邪魔になるだけ』――と、冷静に分析する。

『Travis Japanや7MEN侍なんかの後輩には、
「目の前の仕事を頑張れないヤツに未来は来ない」――って話してますね。
やっぱりいろんな相談をされるけど』

失礼ながら本人たちやJr.の後輩たちでさえ「Snow Manのデビューはない」と予想していた1999年、岩本照は『目の前の仕事に精一杯取り組めば、見てくれている人は必ずいる』――と信じて頑張ってきた。2023年3月に導入される事実上のジャニーズJr.定年制度に向けて、不安になる後輩たちに贈る先輩としての言葉。

2nd Chapter

深澤辰哉

Tatsuya Fukazawa

深澤辰哉の自称〝Snow Manのプロデューサー〟宣言

Snow Manがパーソナリティを務める文化放送『不二家presents Snow Manの素のまんま』から、番組と不二家がコラボレーションした『ミルキーレアチーズタルト』が、全国の不二家洋菓子店、スーパー、コンビニエンスストアなどで限定発売することが決定、発表された。

今回発売が決定したスイーツは、番組のリスナーに女性ファンが多いことに注目し、〝ラジオを聴きながら夜でも気にせず楽しめるスイーツ〟をコンセプトに、番組を聴きながらデザートを食べることへの罪悪感や健康面を考え、糖質オフでミルキー風味のレアチーズタルトのおいしさを味わうことができる商品を開発。

パッケージには番組のロゴマークとSnow Manのグループ名をイメージさせる、雪のような銀色のドットマークが散りばめられたデザインとなっている。

『チーズケーキには〝レアとスフレとベイクド〟の3種類があるんだよね』〈深澤辰哉〉

『知ってる?
チーズケーキの起源は紀元前776年の第1回古代オリンピックにまで遡るんだよ。
だからギリシャからヨーロッパを経由して世界に広がったんだね』〈阿部亮平〉

『そういうウンチクとか能書きとかいらねぇから!
旨きゃいいんだよ、旨きゃ』〈深澤辰哉〉

『それはそうかもしれないけど……。
自分が先にウンチクっぽいこと言い出したんじゃん』〈阿部亮平〉

発売前日の放送回を担当した深澤辰哉と阿部亮平は、番組終盤に試食リポートにもチャレンジ!

『なめらかでおいしい!
糖質を抑えたとは思えない!
〝ミルキーの味〟がちゃんとするもん』〈阿部亮平〉

ミルキー風味のレアチーズタルトのおいしさに感動した2人は――

『スイーツが食べたくなる夜に最高！』〈深澤辰哉〉
『一日頑張ったあとのご褒美にいいね』〈阿部亮平〉
『いや、頑張った人にもそうでなかった人にも、世界中の女性に贈りたい味だと思うな』〈深澤辰哉〉
『ふっか、さっきからやけに突っかかるよね』〈阿部亮平〉
『そうじゃなくて阿部ちゃんにはクイズ王だけじゃなく、
Snow Manの〝食レポ王〟にもなってもらいたいからさ。
ちょっと厳しめに……』〈深澤辰哉〉
『そんな話、聞いてないよ！』〈阿部亮平〉

そして2人はリスナーに向けて声を揃えて呼びかけた。

『(番組放送時間の) 午後9時から9時30分の、その時間に食べるならきっと罪悪感もないので、安心して夜のご褒美としてぜひ!』

『何か〝夜のご褒美〟前提じゃなくてもいいんじゃない?』〈阿部亮平〉

『そこを上手いこと言うのが阿部ちゃんの役割じゃん』〈深澤辰哉〉

〝役割〟かどうかは別として、深澤辰哉は――

『なにわ男子の勢いはスゴいし、
俺たちはグループだけでなく個人でもイケてるところを見せていかないとね。
俺も〝プロデューサー〟として頑張るよ!』

――と、〝自称〟Snow Manのプロデューサーとして、グループを引っ張る気は満々なのだ。

自ら名乗り出た〝深澤プロデューサー〟に導かれて、Snow Manがどんなグループへと成長していくのか。

深澤辰哉のプロデュース手腕を、とくと拝見させていただくことにしよう。

深澤辰哉が醸し出すＳｎｏｗ Ｍａｎの〝ＨＡＰＰＹオーラ〟

Ｓｎｏｗ Ｍａｎと一緒に仕事をしたことがあるテレビマンの多くは、

「彼らは独特のＨＡＰＰＹオーラに包まれている」

――と証言する。

〝ＨＡＰＰＹオーラ〟といえば日向坂46のキャッチフレーズだが、女性アイドルの日向坂46はともかく、男性アイドル、アーティストのＳｎｏｗ Ｍａｎが、どんなＨＡＰＰＹオーラを周囲に振り撒いているのだろう。

「とにかく彼らの周りからは笑顔が絶えないんです。僕らもその雰囲気に引っ張られて、自然と笑顔になっている。よくよく観察すると、その笑顔の中心には深澤辰哉くんがいるんです」（ＴＢＳテレビスタッフ）

以前は――

『何もしてないのに、いつも「不機嫌?」って聞かれるんだよね。

理由を聞いたら「不機嫌そうな顔してるから」――って。

何か親の悪口を言われた気がする(苦笑)』

――と、愚痴をこぼしたこともあった深澤辰哉。

「要するに親御さんから受け継いだ顔について、〝不機嫌そうな顔〟と言われると『親の悪口に聞こえる』と感じてしまうほど、深澤くんは親御さん想いということです」(同TBSテレビスタッフ)

いつも周囲に気を配り、思いやる性格の深澤辰哉。

だからこそ彼はHAPPYオーラの輪の中心にいるのだろう。

そんな深澤に対し、メンバーたちも大きな感謝を感じている。

さらに〝三枚目キャラ〟に似合わず、「本当はめっちゃ優しいイケメンさん!」と感じさせるエピソードも数々残っている。

『普段は先頭に立ってふざけているのに、
ふとした瞬間にメンバーに優しくしてくるギャップがスゴい。
『滝沢歌舞伎』でも後輩に優しくアドバイスしてたりして、カッコいいとこあるんですよ』〈岩本照〉

『プライベートは〝ガチでイケてるお兄さん〟。

どこに行っても誰に対しても優しくてジェントルマン。

みんなでいるときは盛り上げ上手。

僕にはできないからいつも羨ましいし、ふっかみたいな大人になりたい』〈ラウール〉

『ふっかは〝もともとイケメンだな〟って思ってる。

ダンスの動作の間合いとか、特にカッコいいんだよね』〈阿部亮平〉

『みんな感じていると思うけど、4thシングルに収録されている『縁 - YUAN - 』のMVは、

「もしかして別人が出てる?」と思ってしまうぐらい、めちゃめちゃイケメンでカッコいい!

あれは〝この世の奇跡〟と言っても過言ではない』〈渡辺翔太〉

『しょっぴーも言ってるけど、『縁 - YUAN - 』MVの中の深澤は、
深澤辰哉もうすぐ30年の人生の中で〝一番盛れている〟と保証します！』〈佐久間大介〉

『ふっかさんは〝2．5枚目〟。
でも二枚目と三枚目の中間って意味じゃなく、〝どっちもいけちゃうん〟って意味で。
踊ってると本当に本気でカッコいいから、
ふっかさんに注目するときは〝全身で踊る彼〟に注目して欲しい』〈向井康二〉

『すっごいあったかい心でグループの打ち合わせのまとめ役をやってくれてる瞬間は、
「誰よりも包容力のあるイケメンだな」って思います』〈目黒蓮〉

『絶対的な性格として、ふっかは誰に対しても優しい。
その優しさが〝大人の余裕〟を醸し出している』〈宮舘涼太〉

こうしたメンバーの〝深澤評〟を聞いていても、彼がどれほど愛されているかがよくわかる。
これからもＳｎｏｗ Ｍａｎの〝ＨＡＰＰＹオーラ〟を醸し出す中心人物として、その存在感を示し続けて欲しい――。

Snow Manメンバーにとっての〝涙の意味〟

メンバーたちから——

『本当はめっちゃ優しいイケメンさん』

——と呼ばれる、Snow Man〝HAPPYオーラの源〟こと深澤辰哉。
そんな深澤はジャニーズJr.時代、〝現場番長〟と呼ばれるほど厳しい先輩であったことも知られている。
「ジャニーズJr.ではその現場でキャリアが最も長いメンバーが統率力を発揮する。Snow Manがデビューする前、どの現場でも深澤くんがいれば彼が〝現場番長〟の役割を務めていた」（テレビ朝日関係者）

Jr.最長在籍記録をなにわ男子・藤原丈一郎に破られても、東京Jr.では深澤辰哉が〝デビューまでの最長Jr.在籍期間(15年5ヶ月)〟の記録保持者であることに違いはない。

今でもTravis JapanやHiHi Jetsのメンバーは――

『深澤くんの前に出ると自然と背筋が伸びる』

――というほど、後輩たちにとっては〝怖い先輩〟であることにも変わりがないという。

『確かに怖いけど、でもジャニーズJr.としての姿勢や礼儀とか、
全部ふっかさんに教えてもらったこと』〈Travis Japan・宮近海斗〉

『ふっかさんがいてくれた時代と比べて、今のジュニアは〝緩い〟気がする。
それが時代なのかもしれないけど、
でも守るべきものは守っていきたい』〈HiHi Jets・井上瑞稀〉

後輩たちの証言を見ても、現場番長として深澤が果たしてくれていた役割は大きいようだ。

『単純にそう言ってもらえるのは嬉しいけど、
俺も先輩たちに教えてもらったことをそのまま伝えていただけだから、
別に大したことはしてないんだよね。
でもジャニーズJr.は、
「Jr.だから仕方がない」「Jr.だから大目に見よう」なんて言い訳が一切通用しない世界。
かなり独特な立ち位置にいると思うけど、
そこで学んだことは一生通じることだって自信を持って言える。
最近よく、自分のJr.時代の夢を見たりするんだよね』

――なぜだか『Jr.時代が恋しい』とも語る深澤辰哉。

『最近、涙腺が弱くなってきていることも原因かもしれない。

涙腺といえば、後輩の重岡（ジャニーズWEST）が出演していたドラマ、

『#家族募集します』観て泣いちゃったもん。

Snow ManのデビューⅠ周年を記念したYouTubeの生配信番組でも、
ファンのみんなからサプライズでもらったメッセージ動画に、まんまと泣かされたからね。

何だか俺を泣かせようって企画も増えた気がするし（苦笑）。

デビューしてから実際にファンのみんなに会えてなかったし、
それでも応援してくれるみんなの気持ちがすごく嬉しくて感動した。

今回の有観客ツアーでも、
舞台裏で〝すぐそこにファンのみんながいる〟体温を感じただけで泣いちゃったし。

後輩たちにも昔の自分をよく重ねちゃうしね』〈深澤辰哉〉

Snow Manのメンバーの中でも、一番先輩から怒られていたのは『自分』だと話す深澤。
だからこそだろう、先輩たちからのお説教を〝自分のためになる〟と一生懸命聞いていた自分が、今度は後輩たちを指摘する立場になって初めて――

『怒るのも大変だな～。
あのとき、先輩たちは体力を使って怒ってくれていたんだな～』

――ということに気づき、怒られて悔しそうにしている後輩の姿に、

『この感じ、あの頃の俺と同んなじだ』

――と感じていたと明かす。

そんな深澤辰哉が――

『当時からずっと仲間で、でもたまに心配になるほど我が強かったのが岩本照。
先輩たちに向かっていったこともあって、いつもヒヤヒヤしてた。
でもそれがアイツの長所でもあって、
今はＳｎｏｗ Ｍａｎのリーダーだから抑えている部分もあると思うけど、
感情表現が豊富なところは羨ましい』

――と、岩本照について語る。

一方、岩本は――


『ふっかは自分を抑えすぎるところがあるからね。

俺なんか怒るにしても喜ぶにしても泣くにしても、いっつも全身で表現したいタイプだから。

たとえば2020年の『SASUKE』でファーストステージをクリアしたときのことは、いつ思い出しても嬉しくて泣けてくる。

挑戦した時間は90秒くらいだけど、その90秒のために1年間ずっとトレーニングしてたからね。

『SASUKE』を経験してからは、舞台やライブでも一瞬一瞬の大切さをすごく実感するし、より丁寧に向き合えるようになった気がする。

配信のデビューコンサートで『終わらないMemories』を歌っていたときも、スイッチが入って号泣しちゃったし……』


――自身についてそう話す。

『感情表現が豊かなのは、きっと両親ゆずりですね。
デビュー発表のときも家族全員が泣いて喜んでくれて。
同じ想いをずっと共有してきた〝一心同体の関係性〟だから出た涙だと思う。
俺にとってSnow Manやファンの存在も一緒。
だから有観客ライブでみんなの涙を見て食らっちゃった』〈岩本照〉

この2人に対し、最年少のラウールは――

『ハーフだから感情表現は少しオーバーかもしれないけど、泣く方向にはあまり振れない』

――そうだ。

『Snow Manに加入したばかりの頃、
急にたくさんの人から注目を浴びるようになって、
すごく不安になったんだと思う。
理由もなくふと涙が出てくることがあったんです。
新入生とか新社会人とか、同じ気持ちなんだろうな。
誰もがすんなりと順応できるわけじゃないから、
環境に変化があるときは涙を流してもいいと思います。
話は少し逸れるけど、
映画『ハニーレモンソーダ』のイベントでメンバーのみんなからメッセージをもらったときは、
何も知らなかったので思いがけずウルっと来ちゃいました。
〝たくさんの愛をもらえて幸せな人生だな～〟って感じたし、
「これからもっと大切に生きよう」――って思えたから』〈ラウール〉

『普段から涙腺はめっちゃ弱いんやけど、
前に休みをもらってお兄ちゃんに会いに行って、バイバイする瞬間に泣いた。
お互いに車に乗って、背を向けて別れる形やったから余計に寂しくて。
声出して泣きましたね。
晴れてるハズやのに〝雨降ってるな〟って思ったら、自分の涙やった。
つい勘違いしてワイパー使ってしもたよ。
関西ジャニーズJr.にいる頃から〝泣き虫の康二〟って言われてて、
（大阪）松竹座のトイレの一番隅っこでよう泣いてた。
いつもそこで泣いてるから、みんなにすぐ見つかる。
今はめめとかラウール、なにわの道枝、よく年下に慰めてもらってますね。
しんどいときは気にせず、弱みも見せていかんと。
涙はネガティブな意味だけじゃなく、
リラックスできるポジティブな意味もあると信じてるから』〈向井康二〉

深澤辰哉をはじめ、Ｓｎｏｗ Ｍａｎメンバーが語った〝涙の意味〟。

これからもＳｎｏｗ Ｍａｎは〝ステキな涙〟を自分たちも流し、ファンの皆さんにも〝感動の涙〟を流させてくれるグループであることだろう――。

深澤辰哉フレーズ

『〝自分が何をやりたいのか？〟よりも、
今は〝求められる役割に応えられるかどうか〟——そっちを優先というか、
そっちに向き合うことが大切だと思ってます。
デビューしてから特に思うのは、お仕事って〝頂いてナンボ〟なんですよね。
深澤辰哉と〝仕事をしたい〟と思ってくださった方に、
「深澤くんにオファーを出して正解だった」と思って頂けることこそ、
次のステップに繋がる唯一の道だってこと。
その積み重ねの先に〝自分がやりたいことを選べる未来〟が広がるんですよ』

今は〝我を通す〟ことよりも〝結果を出して期待に応える〟ことが大切だと説く深澤辰哉。期待に応えられる役者としての道を全力で邁進中だ。

『V6さんが解散したのはすごく感慨深くて、
特に(三宅)健くんには2016年から2018年まで、
『滝沢歌舞伎』でお世話になって、
いつもカッコいい背中を見せてもらっていたからね。
今は『滝沢歌舞伎ZERO』を自分たちが引き継がせてもらっていて、
「いつか健くんを客演で迎えられるように成長したい!」――っていうのが、
生意気だけど俺の具体的な夢でもある』

森田剛こそジャニーズ事務所を退所したV6だが、残る5人のメンバーはそのまま。ならばその夢、近い将来に叶うのではないだろうか。

『今のジャニーズ事務所にいる20代のメンバーって、
芝居が上手いメンバーがたくさんいるんだよね。
だけど汚れ役というか、
どんな役にも対応できる〝カメレオン俳優的なポジション〟に限れば、
俺も十分勝負できると思ってるんだ』

20代後半ではHey! Say! JUMP・山田涼介や中島裕翔から、若手ではHiHi Jets・井上瑞稀に至るまで豊富すぎる人材を誇るジャニーズ事務所。そんな中に自分の居場所を見つけ、大きな飛躍を誓うのが深澤辰哉だった。

3rd Chapter

ラウール

Raul

ラウールが放った〝かなり空しい負け惜しみ〟

Snow Manのレギュラー番組『それSnow Manにやらせて下さい』(TBS系)に何度かゲスト出演しているオリエンタルラジオ・藤森慎吾は、メンバーもすっかり仲良しの芸能界の先輩だ。

『藤森さんは普段から〝カッコいい大人の人〟って感じ。
見た目じゃなく、中身がスゴくカッコいい。
俺みたいなクソガキでも対等に接してくれるし、
楽屋の雑談をちゃんと覚えていて、フリートークでぶっこんでくれる。
こっちは1回話してるから、余裕を持って対応することができる。
画面上は、俺もトーク上手に見える』

――そう話すラウールが藤森に連れていってもらったのが西麻布の焼肉店。

『全部個室になっていて、よく知らないでっかい花が飾られていてさ。
最初はドッキリでカメラが仕込んであるのかと思ったぐらい（苦笑）』

――どうやらラウールはじめ、Snow Manのメンバーは、日々ドッキリに怯えているらしい（苦笑）。

『途中で焼肉店のオーナーさんやら店長さんやらが、代わる代わる藤森さんに挨拶にきて、
完全に〝VIP扱い〟。
俺とは何の関わりもない大人の人にチヤホヤされて、こっちまで束の間VIPの気分だったよ』

今回、そんな藤森がゲスト出演したのは、『それSnow Manだと誰が向いていますか？　秋のリンクコーデ編』。

過去に『おしゃれだと思うお笑い芸人ランキング』で1位を獲得し、春のリンクコーデ対決では見事に勝利を収め、さらには自らゴルフウェアのブランドを立ち上げた〝オシャレ芸人〟の藤森慎吾。

メンバー9人と藤森が〝女子のテンションが上がる秋のリンクコーデ〟に挑戦。

春のリンクコーデ対決と同様、名前を隠した状態でそれぞれが考えたコーデを、今回はSNS総フォロワー数185万人超、Z世代に絶大な人気を誇るおしゃれ姉弟〝よしミチ〟ことよしあきとミチ、パリコレにも招待されたことのある姉弟が、メンバーと藤森のコーデを審査してランキングを発表した。

メンバーはそれぞれ――

『笑いを捨てた』〈向井康二〉

『ガチで行く』〈深澤辰哉〉

――と超本気モード。

真剣に考えたコーデのポイントを10人それぞれ全力でアピールするが――

『スタイリストが組んだコーディネートみたい』〈よしあき〉

――と太鼓判を押される者から、

『圧倒的地獄』〈ミチ〉

――と酷評される者まで、前回以上に明暗がクッキリ。

予想外の展開に、スタジオは大混乱となる。

そして〝センス普通〟の4位の発表を前に、ラウールは――

『誰の記憶にも残らない（順位）』

――と指摘。

藤森も――

『もしかしたら一番ひどいかもしれない』

――とするが、そんな藤森が初っ端から〝4位〟にランキング。

藤森のコーデを見た深澤が――

『ガチですね』

――と追い打ちをかけると、

『ガチなだけにこんなに恥ずかしいことはない』〈藤森〉

ラウール曰く〝誰の記憶にも残らない順位〟に藤森が決定。

〝センスあり〟の2位には佐久間。

スポーツの秋をテーマに漫画『テニスの王子様』のキャラクターを再現。

〝センス無し〟の9位に深澤の名前が呼ばれると、残る宮舘と渡辺は——

『1位を獲るために来ている』〈宮舘涼太〉
『言葉はいらない』〈渡辺翔太〉

——と根拠のない自信を見せるが、結果は普段から玉森裕太や亀梨和也からお下がりをもらっている宮舘が、先輩のセンスを引き継いで（?）の1位。

全員に『本気でオシャレ!』と感心され、ミチとよしあきもベタ褒め。

また、最下位となった渡辺に対しては『すべてがしんどい』のコメントを。

ちなみにラウールはといえば〝8位〟で、ある意味では4位よりも記憶に残らない、前後半の放送回で一番〝やっつけ扱い〟の順位だった。

『でも藤森さんよりも下の〝目立たない順位〟だったからこそ、焼肉にも連れていってもらえたんだよ！
俺の中では1位を獲るより価値があるんだからね‼』

そう吠えたラウールだが、どう見ても負け惜しみ。
かなり空しい言い訳だよねえ……（苦笑）。

ラウールの〝弱点〟を解決した渡辺翔太の〝毒舌系ツッコミ〟

ラウールの〝唯一〟といってもいい弱点は〝乾燥肌〟だという。

『毎年、寒くなると乾燥肌に悩まされるんだよね。
肘とか粉吹いちゃってさ。
最初はみんなそうなるもんだと思っていたけど、
僕だけいかにも〝粉だらけ〟なんだよ（苦笑）』〈ラウール〉

Snow Manがパーソナリティを務めるラジオ番組『Snow Manの素のまんま』(文化放送)に久々に登場したラウールは番組冒頭から――

『今年は絶対にしょっぴーにはバカにされたくない!』

――と吠え、渡辺翔太に訴える一幕が〝まんま〟オンエアされた。

「スタッフサイドでは今売れに売れているアイドルの乾燥肌話もどうかと話し合いましたし、ラウールくんが翔太くんをタメロでやり込める様子も〝イメージダウンじゃない?〟の判断で(編集で)カットする話も上がりましたが、意図的なカットは彼らの〝素〟を届ける番組のポリシーに反しますからね」(番組担当構成作家)

ファンやリスナーは2人の関係性を理解しているのだから、余計な心配は無用だろう。不自然にカットしたほうが〝不仲〟を疑われる。

「最近のラウールくんは『学校に行ったり、その辺を散歩したり』といった日常を過ごしていたようですが、翔太くんが羨ましそうに『俺らにはない学校生活がまだありますからね〜』と言うと、いきなり『話したいことがあるんですけど!』——と、強い口調で翔太くんに気色ばんだのです。最初は学校生活云々に何か引っ掛かりがあるのかと思いました」（同構成作家氏）

収録を行っていたスタッフも一瞬、「何事!?」と身構えたそうだが、ラウールは周囲の大人たちの慌てぶりをよそに——

『僕、しょっぴーに毎年冬になると「肘が唐揚げみたいだな」ってめっちゃバカにされるんで、今年こそは〝唐揚げ〟って言われたくないなと思っていて……。
去年は「白い衣がついた唐揚げ」って言われて、
今年はもう乾燥肌対策を始めているから〝唐揚げ〟とは絶対に呼ばせないから!』

——と、猛抗議を続けたのだ。

「翔太くんも最初は呆気に取られていましたが、ラウールくんの抗議が〝本気〟と気づいてからは、『すごい悪いこと言ってるな、俺』——と素直に反省していました」（同氏）

『今年は乾燥肌から守ってくれる某クリームをお風呂上りにいっぱい塗ってるし、部屋にもちゃんと加湿器を用意してるから。
乾燥肌なんて全然怖くないよ。
何なら持ち歩き用の超音波加湿器も買いたいぐらいだし、これから頻繁に家電屋さんを回って、新製品情報もめっちゃ仕入れるから‼』

——と、なぜかドヤ顔のラウールは『見て見て見て〜』と言いながら、肘を渡辺翔太の目の前に差し出す。

「〝今の肘がどうなっているのか?〟を翔太くんにジャッジしてもらいたかったようです。翔太くんはそんなラウールくんの肘を目と触感でチェックしながら、『うん。これなら全然平気だわ』——とお墨付きを与えていましたね。ラウールくんはラウールくんで、満面の笑みをたたえて嬉しそうにしていましたよ」(同氏)

屈託のないラウールの笑顔が目に浮かぶ。

『俺はさ、ラウールがそんなに気にしていたなんて思ってもいなかったし、逆にアイツはイジってもらえるネタができて喜んでいるのかと思っていた。でも改めて考えると、思春期の少年に〝唐揚げ肘〟はちょっとキツかったかな？あえて言い訳をすれば、その場で言ってくれていれば、俺もちゃんと考えて「それは良くない」とか思い直せるんだけどね。もっとラウールとコミュニケーションを取って、嫌がっているかどうか、先に気づいてあげられる仲間にならないと』〈渡辺翔太〉

しかし相手はラウールに限らず誰に対しても、〝毒舌系のツッコミ〟こそが渡辺翔太の〝真骨頂〟でもあるんだけどね。

今回は、そのあたりの〝バランス感覚〟を学ぶきっかけになったかも。

……まあでも、結果的には乾燥肌対策がバッチリ決まって〝唐揚げ肘〟が解決したから、ラウールにとっても結果オーライってことで。

滝沢秀明の言葉、そしてラウールの決意

『〝そういう言われ方〟をしているのは知ってるよ。
自分ではやらないけど、友だちがエゴサしてるからね。
でも別に気にしないというか、
逆に調子に乗らずにコツコツと一歩ずつ進むモチベーションになってるかな。
前に滝沢くんに、
「Snow Manを引っ張るメンバーになれ」――って言われたのは、
自分の中では最高のメッセージになってるしね』〈ラウール〉

ラウールと目黒蓮、そして岩本照の3人は、時に〝タキニ〟という言葉で陰口を叩かれることがある。

ジャニーズファンの皆さんならば、〝タキニ〟が「滝沢秀明ジャニーズ事務所副社長のお気に入りメンバー」を指すことは百も承知だろう。

ジャニーさんが存命中は〝スペオキ（スペシャル＝特別なお気に入りメンバー）〟という言葉があった。
堂本剛や中山優馬、佐藤勝利、平野紫耀らを指していて、他のメンバーのファンはヤキモキしたものだ、
滝沢秀明氏が本当に〝タキニ〟を作っているかどうかはわからない。
しかしアイドルグループを売り出すとき、突出して露出を増やし、顔を売るメンバーを〝作る〟ことは
芸能界やテレビ界では「王道中の王道」と呼ばれる手法であり、何もスペシャルなことではない。
たとえばモーニング娘。における後藤真希、ＡＫＢ48における前田敦子、乃木坂46における白石麻衣、
彼女らはそれぞれがグループの顔となり、彼女たちをきっかけ（入口）にそれぞれのグループは
ファンを取り込んで大ブレイクを果たした。
ＳｎｏｗＭａｎにおけるグループの顔、ファンを取り込む〝入口〟のメンバーとして滝沢秀明氏が
選んだのが、ラウール、目黒蓮、岩本照だっただけの話なのだ。
現に彼らをきっかけにファンになった人たちの中には、ＳｎｏｗＭａｎに詳しくなったことで
向井康二、宮舘涼太、阿部亮平、佐久間大介、渡辺翔太、深澤辰哉に〝担当替え（いわゆる推し変）〟
した人も少なくはないだろう。
９月に発売したアルバムのセールスは１００万枚を超え、有観客17万人超を動員する全国ツアーは
どこも大盛況。滝沢秀明氏の売り出し戦略は見事に成功を収めている。

9人もメンバーがいれば単独で雑誌の表紙を飾るメンバーも少ないが、ラウールはデビュー以来、優に20冊を越える雑誌の表紙を飾り、単独主演映画『ハニーレモンソーダ』やクリスチャン・ディオールの商品広告のモデルも務めるなど、確かに他のメンバーのファンが「タキニだから次々と大きな仕事に恵まれているんだ」と嫌味の一つも言いたくなる気持ちはわかる。

しかしまだ現役高校生であるラウールが、休日の唯一の楽しみが学校の友人たちと遊ぶことだったにもかかわらず、コロナ禍でそれもままならなくなると、自費でボイストレーニングやダンスレッスンに通い——

『〝タキニだから恵まれてる〟なんて言わせないように、自分のパフォーマンスレベルをとことん上げる』

——と決意し、誰よりもハードな毎日を過ごしていた。

「一般のファンの方はそんな彼の一面を知らない。もし知ったら、〝タキニ云々〟なんて陰口を叩けなくなるでしょう。それはもちろん目黒くんや岩本くんも同じです」（人気放送作家）

滝沢秀明氏が――

『ラウールがステージで踊ると、誰よりもキラキラと輝いてみせるから』

――とスター性を評価し、Snow Manのセンターに抜擢したラウール。

「確かに滝沢くんは自分のバックで頑張るSnow Manを特に気にかけてはいました。そしてSnowManを世に出すためにラウールくん、目黒くん、そして向井康二くんを入れた。期待通りに新加入の3人は以前からいたメンバーとは違うファン層を多く連れてきて、新規のファンを開拓してくれた。そういった意味では既に〝結果を出している〟ので、Snow Manの今後は9人全員の頑張りにかかっています」（同人気放送作家）

新しい〝タキニ〟は、滝沢氏自らが命名したジャニーズJr.・IMPACTorsと噂されている今、だからこそ改めて〝元祖タキニ〟のラウールがもう一皮剥けることを願ってやまない。

『前に滝沢くんに――
「Ｓｎｏｗ Ｍａｎを引っ張るメンバーになれ」
――って言われたのは、
自分の中では最高のメッセージになってる』

ラウールにその決意があれば、自ら先頭に立ってＳｎｏｗ Ｍａｎを新たな高みへと引っ張っていってくれるはずだ――。

ラウールフレーズ

『何だかんだいって僕、周りにお膳立てしてもらってばかりだよね。
めめに相談したら、
「今はそれでいいんじゃない?」――って慰められたけど、
〝じゃあ、いつから自立してやっていけばいいのか〞
……考えれば考えるだけ、焦る』

Snow Manの人気が高まれば高まるほど『自分は貢献していない』と悩むラウール。もちろんそんなことは1ミリもないけれど、悩んで〝光〞を見つけることも成長の過程では大切なこと。

『めめと道枝くんのドラマ、
あの2人だからこそ美しくて見てられるんだよね。
康二が——
「BLドラマのブームはタイからやって来てん。
ほんなら出るのはお母さんがタイ人の俺やろ!」
——って騒いでたけど、
康二がめめの役をやるなら、相手役は藤原(丈一郎)くん?
めっちゃセリフがウルさそう(笑)』

向井康二となにわ男子・藤原丈一郎が並んだら、確かにお笑いコンビのように掛け合いがやかましいだろう。逆に笑えるから見てみたい気もするけど。

『僕、〝ラウールにしかできない特技〟を身につけたい。
Ｓｎｏｗ Ｍａｎで一番とかジャニーズで一番とかじゃなく、
〝芸能界で一番〟になれるような。
そうすればこの先、Ｓｎｏｗ Ｍａｎが結成20何周年とかで解散しても、
食いっぱぐれなく芸能界で生きていけるじゃん？
だってＶ６さんみたいに26年間グループやったら、
僕はまだ45才でも、ふっかさんとか55才とかだよ？
もうお爺ちゃんじゃん！』

年齢の話はともかく、芸能界でラウールにしかできない特技を身につけることは大切なこと。２０２２年6月の誕生日が来ても19才。時間はタップリと残されている。

4th Chapter

渡辺翔太

Shota Watanabe

〝六つ子を喰っちゃう〟渡辺翔太の意気込み

2022年3月25日に公開されるのが、SnowManの初主演映画『おそ松さん』。

赤塚不二夫生誕80年記念として2015年10月からアニメ化され、深夜ながらも人気に火がついた『おそ松さん』は、日本のギャグ漫画史上不朽の名作といわれる『おそ松くん』を原作に、六つ子の主人公たちが20歳を過ぎてもクズでニートで童貞、だけどどこか憎めない大人に成長した、何でもありの予測不可能な物語。2016年には流行語大賞にノミネートされるほどの社会現象を巻き起こし、シリーズは3期に渡って放送された。

2019年には劇場版アニメが公開され、後に2.5次元舞台化も。新作アニメも2022年、2023年に全国劇場にて期間限定公開が決定している。

キャストは、おそ松役を向井康二、カラ松を岩本照、チョロ松を目黒蓮、一松役を深澤辰哉、十四松役を佐久間大介、トド松役をラウールが演じる。さらに実写版のオリジナルキャラクターとなるエンド役を渡辺翔太、クローズ役を阿部亮平、ピリオド役を宮舘涼太が担当。

ところがオリジナルキャラクターの一人を演じる渡辺翔太は――

『実はちょっと悔しかったんだよね』

――と本音を口にする。

『だってみんな知ってる『おそ松くん』『おそ松さん』の実写化なら、当然のように「〝何松〟でもいいから六つ子の一人を演じたい」って思うじゃん?』

確かにそれはその通りかも。

『俺が演じる〝エンド〟に、阿部ちゃんの〝クローズ〟、だて様の〝ピリオド〟って、全員が〝おしまい〟みたいな意味じゃん?
もう最初から〝これで最後〟みたいなキャラクターで、
言っちゃ悪いけど決して嬉しくはなかった(苦笑)』

このあたり、渡辺翔太の〝本音〟が表れている。

『それに発表されたティザービジュアルでもわかる通り、オリジナルキャラクターの3人の衣裳は真っ黒で、「笑い盛りすぎちゃってスイマシェーン!」なんてコピーが付いて、〝シェー〟のポーズも披露してるけど、正直言って六つ子役じゃなかったら〝シェー〟のイヤミ役がよかったな』

——そう言って不満を口にする渡辺だが、実写版のオリジナルキャラクターが設定されただけでも「オイシかった」とは、ギョーカイ内でのウラ話だ。

「いくらSnow Manが人気者でも、赤塚不二夫先生の作品を実写化したようなもの。先生はすでに亡くなってますから、オリジナルキャラクターを作ってもらえただけでもありがたい話だと思わなければ」(アニメ作家氏)

立場が違えば見方が異なるのは当然のことだが、あえてオリジナルキャラクターを設定してまでも渡辺翔太たちをキャスティングしたかったのだから。

『みんなに観てもらいたい。

俺たち3人、〝六つ子を喰っちゃう〟ぐらいの勢いで目立ってるから!』

この映画に懸ける意気込みを語った渡辺翔太。

その言葉通りにどれだけ目立っているのか。

〝オリジナルキャラクターが主役の六つ子を喰う〟ほどの迫力ある演技を楽しみにしようではないか。

渡辺翔太の〝素のまんま〟

リスナーの悩みに答えながら進行する『Ｓｎｏｗ Ｍａｎの素のまんま』（文化放送）。

このところ秀逸だった悩みの一つに、〝聞かれると困る定番の質問〟というお悩みがあった。

初対面ないし少し会話を交わすようになった相手から聞かれる定番の質問にどう答えればいいのか？

あまりにも素直に答えてしまうと「（この人って平凡な人だな）」「（面白味がない人だな）」などと思われてしまい、その時点で「少し下に見られてしまうのでは？」という新たな悩みが生じてしまうのだ。


他人にすればくだらない悩みでも、当人にとっては一大事。

たとえば「高校生が入学式で声をかけられたクラスメイトに面白い答えやリアクションを返せるか？」

それこそ高校生活3年間のスクールカーストに繋がりかねない。

実際、渡辺翔太と宮舘涼太も「定番の質問にどう答えればいいのか？」について、『これはわかるわ』『確かに』と共感していた。

悩みを相談したリスナーは特に「趣味は何?」「休みの日は何をして過ごす?」「好きなタイプを芸能人で例えると誰?」の3つが苦手とのことだった。

これに対して——

『俺もわからなくもないかな』〈渡辺翔太〉

『これは俺も困るかも』〈宮舘涼太〉

——と答えた2人だったが、有効な対応策は思いつかない様子だった。

共感は示すものの——

『定番なもの(質問)ほど、時が止まってしまう。聞かれた人のハードルとか、期待を超えられる気がしない』〈渡辺翔太〉

『(聞いてきた相手が)〝あっ、そうなんだね〟……で終わるくらいのレベルでしか返せない』〈宮舘涼太〉

——と答える2人だったが、さらに渡辺は、

『きっと相手はこっちの答えを聞いて話を膨らませたいわけよ。
でも俺の場合、絶対にそうならない自信すらある』

――と、正直言って〝かなり情けないリアクション〟。
試しに「趣味は何?」の質問に2人が答えてみると、宮舘は『趣味……』と繰り返したままフリーズしてしまい――

『……って、答えられないんだよね(苦笑)』

――と笑ってごまかすだけ(苦笑)。
渡辺は『サウナ?』と答えたものの、なぜか照れ隠しのように――

『みんな最近、よくサウナに行ってるよね』

――で、おしまい。

『こんな答えやり取りでいいなら、俺は全然構わないけどね』

――と、ある意味〝開き直り〟（?）発言も（笑）。

また「好きなタイプを芸能人で例えると?」には――

『（演じている）役で「この人いいな」とかもある。
芸能人はいろんなものに扮するから、
それを〝タイプ〟と聞かれるとちょっと難しい』〈渡辺翔太〉

――と、まさに逃げの一手。

あまりにも〝素のまんま〟すぎて、悩みを相談してきたリスナーも困っていたかも?

さらに「休みの日は何をして過ごす？」には――

『休みの日も何もしてないもんな、俺』〈渡辺翔太〉

『ずっとソファーの上にいるだけでしょ？』〈宮舘涼太〉

『もうずっと、ソファーの上でＹｏｕＴｕｂｅ』〈渡辺翔太〉

『ある意味、〝見るだけのＹｏｕＴｕｂｅｒ〟』〈宮舘涼太〉

『確かに。ＹｏｕＴｕｂｅｒといえばＹｏｕＴｕｂｅｒ』〈渡辺翔太〉

――と、妙なテンションで盛り上がっていた。

ただし『最近は本を読んでたりしますけどね』という渡辺翔太だが、それも――

『ＹｏｕＴｕｂｅしか見てない自分に腹が立って』

――と、何だかんだいって生活の中心はＹｏｕＴｕｂｅ。

『自分の知らない、自分の知識になるものを身につけたいから本を読んでるんだよね。

阿部ちゃんを見ていたら、知識がいかに役立つかがわかるから。

でも今さら阿部ちゃんと同じ知識を得ても仕方ないから、
阿部ちゃんが知らないというか、興味を持たなそうな知識に絞ろうかと考えてる。

そのためにはまず、阿部ちゃんに「興味ないジャンル教えて」って聞きに行かなきゃ』〈渡辺翔太〉

……え、そこから始めるの!?

これはまだしばらくは「休みの日は何をして過ごす?」と聞かれたら、

『もうずっと、ソファーの上でYouTube』


――そう答える生活かも。

自身が分析する〝イケイケで独立心が強い性格〟

『Snow Manの素のまんま』(文化放送)で、渡辺翔太がよくファンから聞かれるという自分自身の〝ピアス〟について語ったことがある。

Snow Manで〝ピアス〟といえば岩本照にラウール、そして渡辺翔太。

渡辺によると――

『照は筋トレの目標や自分に課したノルマを達成したときとか、
そういう記念にピアスを開けたり穴を広げたりってしてるみたい。
よく海外のアーティストやプロスポーツ選手が同じような理由でタトゥーを入れたりしてるけど、
照は「俺たちは裸になるのが商売みたいなところがあるからね」――と、
笑いながらタトゥーは否定していた(笑)。
でも「ピアスはアリ」なんだってさ』

渡辺自身の場合は割と独特で――

『親が結構イケイケな感じで。
開けるタイミングに良い悪いはないけど、
どちらかといえば小学生のときに親にピアスを開けさせられたんだよね』

――と、最初は自分の意思ではなかったという。

その事実には〝ピアス三羽烏〟のラウールでさえ――

『小学生？ それは早くない!?』

――と驚きを隠せなかった。

さらに渡辺が――

『小学3年生くらいのときには、
もうたぶん「ピアス（の穴）開けなきゃ！」
……みたいな気持ちに親がなっていたと思う』

――と言うと、

『俺はもうちょっと上、小5か小6。
一気に両耳とも開けた』

――とラウールも反応。

『小3も小5も変わんねえだろ？』

――と渡辺にツッコまれると、

『そこの2才差はデカいよ！』

――と、なぜかラウールはムキになっていたという。

また渡辺は小3のときに〝片方だけ開けた〟そうで、ここ最近になって――

『なんで俺、片方しか開いてないんだ？
ちょっとバランス悪くね』

――と思い直し、今年に入ってから自分で穴開け用のピアッサーを使って、

『〝バチン！〟って自分でやっちゃった』

――というではないか。

しかも――

『位置とか最初は鏡を見ながら計っていたけど、
最終的には自分の勘を信じて〝バチン！〟とやった』

――と打ち明けると、

『しょっぴー、カッコいい！
男らしい‼ さすが!!!』

――と、想像もしないところで興奮するラウールだった。

『さっき〝親がイケイケ〟って言ったけど、何か〝土地柄〟みたいなものも影響してるのかも』

――と振り返る渡辺。


『俺、江戸川区の出身なんだけど、Snow Manでいえば俺とだて様、佐久間の3人。

それとジャニーズの先輩でいえば亀梨和也くんも江戸川区。

二宮和也くんはお隣の墨田区で、千葉方面を見ると船橋の山下智久くんに、千葉市の相葉雅紀くん。

総武線とか都営新宿線、東西線沿線にはジャニーズ結構多いのよ。

通勤通学でよく会ってたね。

「えっ？ お前もこっち（の方角）!?」……みたいな』

その中でも〝江戸川区出身のメンバーに共通する性格〟が渡辺に言わせると――


『我が道を行くというか、〝イケイケで独立心が強い性格〟をしてる。

一つのことを究める風潮というか風土で育ってきているからだと思うな、絶対に！』

さらに――

『ラジオでもさっくんと「江戸川区サイコー!」って話をしたこともあるんだけど、
江戸川区は東京ディズニーリゾートにも近いし、
高校生のデートの定番〝葛西海浜公園〟や〝葛西臨海水族園〟があるんだよ!
他にも地下鉄の博物館みたいなものもあるし、工夫次第でいろんな思い出を作ることができる。
だから江戸川区で育った人間は、工夫や自分だけのオリジナルが好きで、
そこに〝イケイケの風潮〟が加わって、面白い人間が生まれるんだよね。
これは俺の考えだけど』

――そう分析してみせた渡辺翔太。

〝イケイケで独立心が強い性格〟をいい方向に活かして、これからさらに渡辺翔太自身に磨きをかけ、
Ｓｎｏｗ Ｍａｎを、より魅力溢れるグループにしていってくれることを期待しよう――。

『将来的に自分の皮膚にさまざまな影響が出てから、
〝何とかしよう〟なんて思っても、根本的な原因の解決にはなかなかならない。
道をすれ違うだけのまったく知らない人に、
「男のくせに日傘を差してる」と笑われたって、
その人が顔にできたシミを治してくれるわけじゃないからね』

プライベートの友人に「一緒に渋谷を歩きたくない」と言われた渡辺翔太。その理由が「だってすれ違う人が、みんなお前の日傘を笑うんだぜ」と告げられ、猛反発。確かに、すれ違う人に笑われたとしても、その人が顔のシミを治してくれるわけじゃない。

『たまに番組のスタッフさんに――
「この前、渋谷で見かけたよ。
○○(デパート名)のウィンドウで自分の顔をチェックしてたでしょ?」
――とか言われるんだけど、
俺はナルシストじゃないから、
デパートのウィンドウでチェックなんかしないよ。
それはだて様か康二の見間違いだよ。
〝ナルシスト〟といえばアイツらだから(笑)』

番組のスタッフさんがそんな見間違いをするわけはないが、宮舘涼太はともかく向井康二も〝ナルシスト〟認定されていたとは。何のこだわりも持っていないように見えて、実は向井は宮舘に負けないほどのナルシストだと渡辺翔太に言われていたとは……。向井の反応を見てみたい。

『この前、ラウールを焼き肉に連れていったら、
信じられないぐらい遠慮しないで食いまくるんだよね。
おかげで俺なんて、特上タン塩1枚でガマンしたんだから。
一人前じゃないよ！　たったの〝1枚〟。
食い物の恨みは食い物で晴らしたいところなんだけど、
アイツが「うめぇ〜」って言う顔が可愛くて、
つい甘やかしちゃうんだよな〜』

ちなみにラウール、この日たいらげた焼き肉はおよそ8人前！
『しょっぴー、今日は少食だね?』——と言われても、財布の中を覗き込みながら〝ガマン〟を選択した渡辺翔太だった。

5th Chapter

向井康二

Koji Mukai

向井康二からメンバーへの〝熱すぎるアタック〟

この秋、他のグループに先駆けて有観客でのライブツアーを敢行したＳｎｏｗ Ｍａｎ。

目の前にファンがいるライブはメンバーの気持ちを高めるからか、ツアー中の行動からはちょいちょい〝羽目を外すエピソード〟も聞こえてくる。

皆さんもご存じの通り、ツアーは全国7会場、すべてアリーナクラスの大会場を駆け抜ける。

しかし〝羽目を外す〟にしても、いくらマスコミの目が届きにくい地方都市とはいえ、いずれも県庁所在地だ。仮にコッソリとホテルを抜け出すことに成功しても、夜の街にはファンやスタッフさんの監視が行き届いているだろう。さすがにラウール以外の成人メンバーで飲み歩く……ようなことはできまい。ましてやＳｎｏｗ Ｍａｎはデビュー直後からコロナ禍の影響を受け、メンバーでは宮舘涼太や阿部亮平が新型コロナに感染して苦しんだのだ。

そんなＳｎｏｗ Ｍａｎのメンバーが、迂闊な行動をするはずがないではないか！

「いやいや、〝羽目を外す〟とはいっても、もっと可愛いエピソードですよ。実はアリーナクラスの会場ともなると、出演者専用のシャワールームやパウダールームが完備されています。メンバーはコンサートを終えた後、シャワーを浴びて汗を流してから送迎車に乗り込みますが、そのシャワールームでさながら男子寮や男子校のノリで大騒ぎをして、床をビショビショにして怒られてしまった程度の羽目の外し具合です（笑）」（人気放送作家）

いかにもありがちなおふざけだが、先頭に立って大騒ぎしたお調子者は、皆さんもご想像する通り、向井康二だったという。

「向井くんは古典的なイタズラでもある〝永遠シャンプー〟を宮舘くんに仕掛け、宮舘くんが『**おかしいな〜、全然シャンプーが流れないんだけど**』……と困っている姿を見て、ケラケラと笑い転げていたそうです」（同人気放送作家）

〝永遠シャンプー〟とはシャンプーをして泡を洗い流しているところに新たにシャンプー液を振りかけ、いつまでたっても泡が洗い流せないイタズラ。女子には馴染みがないだろうが、男子には風呂場での定番のイタズラだ。

『ライブ中はだいたいみんなでお風呂入ったりシャワーを浴びたりしますね。
まあ、僕らは〝裸〟に慣れてますから。
腹筋しながら太鼓叩きますから』

——そう語る深澤もまた、向井の〝永遠シャンプー〟の被害者だという。

『アイツ本当にしつこいからさ。
一度マジ口調でキレてやったんだ。
そうしたらターゲットがだて様に移っちゃって……。
でも俺らはまだマシなほうだよ。
めめは背中に康二のケツをくっつけられて、
本気で嫌がってたもんね』〈深澤辰哉〉

『そりゃあ超イヤでしたよ！

康二のケツって全然軟らかくなくて、固くてゴワゴワしてるの。

そんなケツが繊細な俺の背中にくっついたかと思うと、気持ち悪くて仕方がない。

それにアイツ、

「ちゃんとボディーソープをつけたケツでアタックしてるから、直接ケツちゃうで」

――なんて言い訳にもならないセリフで対抗してくるんだもん。

康二だけには〝イヤなものはイヤ〟って言っておかないと、
アイツと2人で泊まりがけのロケとかよく行くから、ちゃんと線を引いておきたいんだよね。

要するに〝親しき仲にも……〟ってこと』〈目黒蓮〉

そんな目黒の正論に――

『そんな他人行儀な……。めめはいつまで経っても心を開いてくれへん』

――と、不満そうな顔の向井。

『同じグループで一緒に芸能界のテッペンを目指す仲やのに、
めめは俺を見る目がずっと〝冷めてる〟ねん。
つーか、めめが優しいのはラウールにだけやしな。
その半分でいいから俺にも優しくして欲しい』〈向井康二〉

目黒蓮の見る目が〝冷めてる〟ことはないと思うけど、向井が繰り出すケツアタックが〝熱すぎる〟のは間違いないと思う(苦笑)。

永遠シャンプーにしろ、ケツアタックにしろ、こんな掛け合いもメンバー同士〝仲良い証拠〟だけどね。

「一緒に働きたい後輩ナンバー1」の〝隠れた魅力〟

本書のプロローグにある通り、向井康二が新たなファン層を開拓したことを証明するかのような〝勲章〟が新たに贈られた。

それは女性ファッション誌『with』12月号の特集「2021年with OL大賞」。

そこで向井康二は「一緒に働きたい後輩部門」で1位に選出されたのだ。

「この手の特集にはテレビドラマや映画が大きく影響を及ぼし、今（期）でいえばフジテレビ系木曜劇場『SUPER RICH』で主人公（江口のりこ）の部下を演じる赤楚衛二や町田啓太（劇団EXILE）が選ばれるところですが、連続ドラマでサラリーマンを演じているわけでもない向井康二が選ばれた。これはひとえにドッキリ番組で落とし穴を仕掛けられ、ファンを笑顔にするためならばどんな役回りでも全力でぶつかり、アイドルながらイジられ役に徹することもできる上に、愛あるツッコミでメンバーの魅力を引き出す〝万能〟ぶりが全国の働く女性たちの目にとまったからでしょう」（人気放送作家氏）

プロローグのご令嬢ではないが、全国の働く年上女性から、

「向井くんとなら笑顔で働けそう！」

「職場にネガティブな空気が流れても、向井くんがいれば一瞬でポジティブな空気に変えてくれそう！」

――などと、今までの〝イコール人気投票〟になりがちなアンケート調査を、〝リアルな支持〟に変える功績の一つと言っても過言ではない。

またＳｎｏｗ Ｍａｎのコンサートツアー直前の受賞だったにも関わらず――


『こんなに嬉しい賞はないでしょ！』


――と、向井康二自らが緊急のリモート取材を快諾。

電波や音声のコンディションに問題がないかなど、普段とは異なる緊張感の中――


『トロフィー、ありがとうございました！

めっちゃ豪華で驚きました。

〝オリンピックで優勝したんかな!?〟と思いましたもん！』

旺盛なサービス精神で〝ツカミ〟を取ると、今回の受賞の感想や、「もしも後輩だったらどんな風に先輩を労わってあげたいか」などの妄想インタビューにも回答。

そこでは——

『指示を出すより出された指示をテキパキとこなすほうが得意なので、

僕自身でも後輩に向いている気がします』

『性格的にも世話好きなところがあるので、

いっつもメンバーの渡辺翔太や深澤辰哉、目黒蓮の世話を積極的に焼いてます』

——などと、後輩チックな一面をアピール。

それと同時に向井康二がメンバーの話をするときには満面の笑みと共に〝メンバーへの愛情〟が溢れ出る様子が印象的だったという。

さらに仲間でもありライバルでもあるメンバーたちとの信頼関係を築くための〝向井康二ならではの秘訣〟。

常に周りの様子を見極め――

『誰よりも気遣いができるメンバーでありたい』

――とコメントするなど、やはり彼は「一緒に働きたい理想の後輩」要素をいくつも兼ね備えていることを証明した。

とはいえ、初めての（CDデビューする）後輩グループである〝なにわ男子〟については――

『ずっと一緒に、長いこと関西でやってきた仲間やから（CDデビューは）めちゃめちゃ嬉しいけど、Snow Manのメンバーとしては負ける気は一切ない。
アイツらもある意味、俺に手を抜かれたくないやろしな』

――と、先輩としての貫禄を見せつけてくれそうな〝負けん気の強さ〟も彼の隠れた魅力だろう。

こうした賞も受賞し、世間からの注目度がますますアップしている向井康二の今後の活躍がさらに楽しみだ。

なにわ男子へ——向井康二の〝真の想い〟

Snow Manにとっては初めてのデビュー組〝後輩〟であるなにわ男子が、11月12日に華々しくデビューを飾った。

デビュー前から数多くのテレビ番組に出演し、センターの西畑大吾、エース格の道枝駿佑以下、7人のメンバーそれぞれが大きく認知度を上げた。

さらに、なにわ男子の結成からデビューまでの日々に迫ったドキュメンタリー『なにわ男子 デビューまで1100日のキセキnatural』が、Amazon Prime Videoにて独占配信されていて、ファンの多くは「まさか結成から3年も密着してくれていたとはビックリ」と、驚きの声を上げている。

するとそんな彼らに、関西ジャニーズJr.の先輩でもあった向井康二が甚だしい（？）嫉妬を感じているという噂が流れる。

今回の『なにわ男子 デビューまで1100日のキセキ ｎａｔｕｒａｌ』は、結成時からデビューへの約１１００日間を追いかけたドキュメンタリーで、11月5日から毎週金曜に3週連続で配信された。

10月28日に情報解禁となり、メンバーは――


『最初はカメラを意識しましたが、途中からカメラがあるという生活に馴染んでしまったので、本当に僕たちの素が見られると思います』〈長尾謙杜〉

『僕たちも覚えていないことがたくさん記録されているので、改めてあのときの表情や他のメンバーがどんな感じだったのか見たいです』〈藤原丈一郎〉

――などの公式コメントを発している。

約3年の密着映像だけにメンバーの葛藤も余すところなく伝え、内容も濃いものになっている。

ところがなにわ男子ファンの間で期待の声が上がる一方、コンサート『#なにわ男子しか勝たん』夜公演を見学した向井が、ＳｎｏｗＭａｎのラジオ番組『ＳｎｏｗＭａｎの素のまんま』（文化放送）で楽屋の様子などをソッコーで語り、結果的に「ネタバレだったんじゃん！」となにわ男子ファンから批判を浴びてしまったのだ。

『あっちの楽屋行ったとき、
デビューした変化というか、先輩としていろいろと教えときましたよ。
「デビューしたらこれが変わるぞ」――とか。
メイキングさんもおったから、
「ちょっとメイキングさん、今離れてくれる?」みたいな注文付けて。
もしかしたら、なにわのメイキングに、俺映ってるかもしらんな』〈向井康二〉

――と、嬉しそうに明かしていたという。

その『メイキングさん』のひと言に、一部のなにわ男子ファンが「メイキングって何?」と反応。

〝DVD化の際の特典映像では?〟とする声も上がっていたが、『なにわ男子 デビューまで1100日のキセキ natural』の配信が判明すると、ファンは騒然とする。

「康二が言ってた〝密着カメラ〟ってアマプラだったんだ」

「自分も関西Jr.出身のクセに、後輩たちのデビューのネタバレをするなんて」

――と、向井に対する非難の声が上がった。

しかも当のなにわ男子メンバーが密着番組について一切触れていなかっただけに、

「メンバーはそういう話をしていないのに、密着カメラがついていたことをサラッと話してしまった康二くん。自分が関西から移籍するときの涙がウソっぽい」

「無関係の康二が他グループの大きな仕事をサラッと暴露したことは許されない」

「3年間も密着されてて、メンバーやスタッフは一切漏らさなかったのに、無関係の人間がなんで漏らすのかな。康二はなにわ男子の邪魔がしたいの?」

——など、その批判は想像以上に辛辣だった。

中には、

「康二は〝ライブDVDのメイキング〟と勘違いしていたのでは?」

「康二くんは〝アマプラの密着〟とはひと言も言ってません。デビュー発表するグループには密着くらいつくでしょ」

「メイキング用のカメラはどの現場にも入ってる」

——など擁護する意見も目立ったが、向井の〝涙の移籍〟にまで「あの時点で自分が関西ジャニーズJr.のデビュー組に入れるチャンスがなかったから、関西を捨てたことになる」などと否定する意見もあり、口が滑っただけの本人も戸惑っているようだ。

『確かに発言には気をつけないとアカンな。
俺は弟のようなアイツらがデビューすることがホンマに嬉しくて、
ラジオを聞いてくれている関西ジャニーズJr.のファンのみんなに、
あの瞬間を実況中継した気分になっててん。
それに俺は、あのメイキングさんがAmazonさんやとは知らんで。
名刺交換したわけやないしな』

――そう言って真相を明かした向井康二。

向井自身も反省しているようだし、この話はこれで終わり。

間違いないのは、向井は「なにわ男子のデビューが心底嬉しい！」ということ。

これからもSnow Manとなにわ男子、良きライバルとして、良き仲間として、共に切磋琢磨して
成長していって欲しい――。

『なにわ男子のデビューは自分のことのように嬉しい。
でも〝負ける〟気はないよ。
キンプリやSixTONESよりも、
もっともっと〝絶対に負けたくない〟相手やしね。
どうせ潰されるなら、
俺に潰されたほうがアイツらも嬉しいんちゃうかな?』

苦労した関西ジャニーズJr.時代。お互いに不遇時代をよく知る後輩のデビューは嬉しいが、11月12日からは〝仲の良い後輩〟よりも〝負けてはならない〟ライバルであることも確か。

『〝自分に求められているものが何なのか?〟
〝その期待を上回る結果をどう出すか?〟
『おそ松さん』は俺にとって、
本当の意味で〝Snow Manの一員になれる〟最終試験やった』

Snow Manの初主演映画『おそ松さん』で、主役中の主役〝おそ松〟を演じた向井康二。この大抜擢に応えられてこそ、真のSnow Manメンバーになれるのだ。

『笑われてもいい。
子どもたちやお爺ちゃんお婆ちゃんが俺を見て笑ってくれること、
それが何よりも嬉しいアイドルがいてもエエやん。
芸能界に一人ぐらいは』

若い女子に「キャーキャー」言われることだけがアイドルの証ではない。テレビの前の視聴者を笑顔にすること。それが向井康二の至上の喜び。

6th Chapter

阿部亮平

Ryohei Abe

阿部亮平が願う〝Snow Man全員揃って〟クイズ番組出演

関ジャニ∞の5人（横山裕、村上信五、丸山隆平、安田章大、大倉忠義）が揃って出演した『ネプリーグ』（フジテレビ系）を見て――

『ウチらもいつか、メンバー全員でクイズ番組に呼ばれる存在になりたい！』

――と、想いを強くしたのが阿部亮平だった。

『ありがたいことに、
僕個人やジャニーズクイズ部のメンバーではクイズ番組に呼んで頂けるんですけど、
Snow Man全員が呼ばれることはないじゃないですか？』

ジャニーズクイズ部のメンバーにはSnow Manの阿部亮平を筆頭に、Travis Japanの川島如恵留、美 少年の那須雄登、浮所飛貴、7MEN侍の本髙克樹、関西ジャニーズJr.・Aぇ!groupの福本大晴たちが所属(?)しているが、阿部個人としては――

『関ジャニ∞さんみたいに、いつかSnow Man全員でチーム戦に出たい!』

――と切望していたのだ。

しかも今回の『ネプリーグ』、関ジャニ∞チームと対戦したネプチューンチームには、ネプチューンに加えてニューヨーク(嶋佐和也、屋敷裕政)が参戦。

『今、ニューヨークさんって事務所に押されてますよね。
そういう芸人さんと共演すると、バラエティ番組での立ち回り方とか役回りとか、めっちゃ勉強になるんです』

――と、貪欲な向上心を露にする阿部亮平。

『先輩の関ジャニ∞さんには申し訳ないんですけど、その回のテーマが〝大人なら絶対に間違えられない！　小学生レベルの問題に挑戦〟って、完全に先輩方を見下してますよね？
だから絶対に勝って欲しかったんです』

阿部のその願いが通じたのか、5人全員でクイズ番組に出演するのは初めてだという関ジャニ∞は、ラストのボーナスステージ〝トロッコアドベンチャー〟も見事に完走。

『〝5人で出る〟って聞いたから出演してますけど、一人だったら断っていたと思います』〈横山裕〉
『自信なかったら来てないですよ！』〈村上信五〉
『学生のときは成績良かったですね』〈安田章大〉
『不安要素はオレ！　もう手汗かいてます』〈丸山隆平〉
『まあ、やれるだけ頑張ります』〈大倉忠義〉

――と、それぞれの意気込みは違ったが、無事に先輩としての面目を躍如した関ジャニ∞。

そんな関ジャニ∞の5人を見て阿部は――

『(番組を)見ていた人はわかると思うんですけど、
〝同じグループのメンバーだからこそ出せる空気感〟みたいなものが、
クイズ部とは全然違うんですよね。
ゲーム要素、バラエティ色が強いクイズ番組なら、
きっと(Snow Manの)メンバーも出てくれると思うんだけど……』

――その想いをさらに強くしたという。

それはファンにしても、絶対に見てみたい。

Snow Man9人全員揃ってのクイズ番組出演が叶う日が、一日も早く来ることを願おう。

たとえ万が一にも、そのクイズ番組での成績が、どんな結果に終わったとしても……。

〝だて様きっかけ〟で生まれた勉強キャラ

2020年1月22日のCDデビュー以降、作品ごとにファン層を拡大しているSnow Man。

それは彼らが作品を送り出すたび、活躍を広げるたび、新たな魅力に出会い、気づかされるからだ。

そんな9人の人間関係と絆も、彼ら自身にしか説明できない強さと太さを誇っている。

たとえば〝いぶし銀〟的なポジションを形成する阿部亮平と宮舘涼太。

グループ活動を離れ、ジャニーズJr.の後輩たちと〝ジャニーズクイズ部〟として活躍する阿部と、グループで唯一、高貴で貴族的ポジションを守る宮舘涼太。

一見、何の関わりもないように見える両者だが、1993年生まれの共通点以外にも（※厳密に言えば、早生まれの宮舘は1学年年上の1992年組）、宮舘の初仕事の現場に阿部がいたり、中学生時代からのつき合いは長い。

『そうそう、俺がJr.に入った頃にはもう阿部ちゃんがいて、
年下の先輩で何だかエラそうな態度でさ。
だから第一印象は結構悪かったよ』〈宮舘涼太〉

『ダテさんは2年ぐらい後輩なのに、最初からその2年間のハンディをまったく感じさせない。

……というよりダンスも運動神経も、当時のJr.でダントツだったからね。

その割にはデビューまで時間かかったけど（笑）』〈阿部亮平〉

『お前のほうが（時間）かかってるじゃねーか！』〈宮舘涼太〉

宮舘によると、阿部は100m先からでも見分けがつくぐらいの茶髪で――

『（阿部の）頭デッケエから目立つし、待ち合わせに困らなかった』〈宮舘涼太〉

――らしい。

『しかもレッスン着とか入れてるカバンの一部分が不自然に膨らんでて、
そこに発売されたばかりのスナック菓子がパンパンに入ってんの』〈宮舘涼太〉
『自分がお菓子好きなのもあるけど、
お母さんが勝手に新作（のスナック菓子）を入れておいてくれてたんだよね。
ホラ、お坊っちゃまの特権みたいなもので（笑）』〈阿部亮平〉
『すげえ嫌みだけど、俺らはそれをコッソリと盗んで食べてた（笑）』〈宮舘涼太〉
『知ってたよ。でも一人や二人じゃなくて全員が盗むから、怒るに怒れないんだよね。
喧嘩になったら数で負けるし』〈阿部亮平〉

当時、Jr.に入りたての宮舘から見れば、いつも先輩のバックとはいえ〝最前列〟のフォーメーションに抜擢される阿部を――

『超黄金世代の一員』〈宮舘涼太〉

――として、羨ましく眺めていたそうだ。

『そんなこと言うけど、
だて様は、誰もいないレッスン場でパンイチ（パンツ一枚）で踊りながら、
「このときは体を逆に捻ったほうが筋肉が綺麗に出るな」――って研究してたほど。
踊るときは衣裳を着てるから筋肉の動きなんて見えないのに』〈阿部亮平〉
『見えるんだよ！　細目にすれば』〈宮舘涼太〉

そんな宮舘に影響され、自分も筋肉の動きを注意するようになったという阿部。

しかしそんな努力も空しく、逆にJr.の中で順列が下がってしまう。


『それは中島健人とか有望なJr.が増えたからね、競争社会の中では仕方ない。

でもそんなときに、ふとだて様を振り返ってみると、
まだ「この振付のときの筋肉の見え方……」ってやってるワケ。

「ああ、最終的にはだて様のように〝こだわりを捨てない〟メンバーが生き残るんだろうな」

――って、ガツンとやられた気分でした』〈阿部亮平〉

すでにMis Snw Manとして活動をしていた2人で、ユニット活動のほうがメインになってはいたが、当時を振り返って阿部はこう明かす——。

『〝こうやって後輩に抜かれていくのか……〟って、Jr.の現実を味わった。

でもそれはネガティブな意味じゃなく、

ポジティブに「自分にできることを究めよう」——って方向に、

思考がシフトするきっかけになった。

〝勉強キャラ〟が生まれたきっかけだよ』〈阿部亮平〉

むしろ才能ある後輩たちに『感謝している』とまで話す阿部亮平だった——。

〝リアル阿部亮平〟の意外な姿

阿部亮平のインテリキャラ、お勉強できるキャラについて、同学年の岩本照はこんな風に話している——。

『阿部ちゃんは頭が良くて一流大学の大学院にまで進んで、
そんでもって合格率のめっちゃ低い気象予報士の試験も突破して——っていうのは、
ファンのみんなも俺たちメンバーもよく知ってるけど、だからこそ本当の阿部ちゃんのこと、
〝リアル阿部亮平がどんな男の子か〟ってこともよく知って欲しいんですよね。
彼は決して、生まれながらのインテリじゃない。
すべてを自分の努力で掴み獲った人。
だからこそ俺もメンバーも尊敬してるんですよ』〈岩本照〉

そこには、かつてジャニー喜多川さんに「YOUたちには何も売りがない」とCDデビューを否定された経験が影響しているらしい。

『阿部ちゃんが〝勉強キャラ〟になったのは、
何か一つ〝武器〟を持っていないとJr.では上には上がれない、目立てないから。
本当は俺たちと同じように、
〝学校とプライベート以外はジャニーズのことだけ頑張りたい〟タイプのはずです。
俺が見たところ、
最近の阿部ちゃんは〝勉強キャラ〟や〝インテリキャラ〟が重荷になっていると思う。
グループの名前を広めるために頑張ってくれている姿には、
本当に感謝しかありません』〈岩本照〉

さすがに長く一緒にいるだけあって、岩本や他のメンバーたちは――

『アドバイスを贈るとしたら――
「無理しないで自然体で。
本当の自分をさらけ出せ」
――かな』〈宮舘涼太〉

――などと口を揃える。
では当の本人はどう思っているのだろう。

『別に無理はしてないけど、ずっと〝お勉強キャラ〟を通してきた分、いきなり（番組とかで）フリーの時間を与えられたら困ってしまう。クイズ以外のアドリブが利かないから、そういう弱点はこれから直していきたい。クイズ番組では余計なことを考えていると不正解になるから、本番中はずっと集中してクイズに臨んでるよ』〈阿部亮平〉

そんな阿部亮平の〝集中すると一つのことしか見えなくなる〟性格ゆえか、いざ集中する時間から解放されると――

『もしかして〝Ｓｎｏｗ Ｍａｎで一番ポンコツ〟』〈渡辺翔太〉

――と、ありがたくない異名を授かることもしばしばだという。

『おっちょこちょいで忘れ物が多い。

ホテルの鍵をインキー（部屋の中に忘れること）したりしてテンパってるのが面白い。

普段とのギャップで余計目立っちゃうんだよね』〈岩本照〉

『ホテルで鍵を持たずに外まで出てきて、オートロックがガチャンて閉まってるのをよく見かけます。

インキーしすぎ』〈深澤辰哉〉

『〝インキーの鬼〟って呼ばれてます。

本人曰く、最近治ってきたらしいですけどね』〈ラウール〉

『ホテルでめっちゃインキーします。

僕もたまにしますけど、ＳｎｏｗＭａｎの中ではダントツで阿部ちゃんが多い』〈目黒蓮〉

『忘れ物が多くてめちゃめちゃインキーします。

〝インキーの鬼〟って言われてるんで』〈佐久間大介〉

メンバーから寄ってたかって、ホテルでの〝インキー事情〟をバラされた阿部亮平。

これが岩本が指摘した〝リアル阿部亮平〟の姿なのだろうか？


『忘れ物が多くて、いつも道に迷ってる。

大阪人の俺のほうが東京の道に詳しい。

俺から見た阿部ちゃんは〝普段から抜けてる人〟のイメージが一番最初に来るね』〈向井康二〉

『とにかく〝おっちょこちょい〟。
ステージにマイク付けないで出ちゃったり、
新幹線のチケットを前の座席のポケットに入れて降りちゃったりとかして、
改札口でよく揉めてる。
優しい駅員さんは俺らが乗っていた新幹線の車掌さんに電話して、
（チケットの置き忘れを）確認してくれるけど、
下手したら何倍かの料金をまた払わなきゃいけないんでしょ？
……だからいっつも真っ青な顔してるし、最近はマネージャーさんにチケットを預けてる』〈宮舘涼太〉

『これはあくまでも〝人から聞いた話〟ですけど、買い物したときにお金だけ払って商品を受け取らずに帰ったこともあるらしいです。逆だったら大変ですよね（苦笑）』〈渡辺翔太〉

さて皆さんの目には〝リアル阿部亮平〟がどのように映っているのだろうか？
インテリキャラ、お勉強できるキャラの割には、実は〝意外に抜けている〟阿部亮平。
それもまた彼の愛すべきキャラクター。
むしろ、その姿は〝よりチャーミング〟に映るのではないだろうか。

阿部亮平フレーズ

『最近、「クイズって難しいな〜」ってつくづく思いますね。
世の中にはクイズ問題に相応しい情報や事実が山のようにあるから。
自分としてはジャンルや時代を絞ってエキスパートになりたいんだけど、
ほんの少しだけ範囲から逸れた情報や事実が問題として出題されると、
「あそこ（の範囲）までやっときゃよかった！」――って、やたらと後悔する。
成績が良くないと、すげえストレスが溜まる』

テレビ朝日の関係者から上がる「この頃、阿部くんが不調だ」の声。ジャニーズクイズ部エースの座を「川島如恵留くんに奪われそう」の声も聞こえてくる中、やはり壁にぶつかっているのか。果たしてその〝壁〟を阿部亮平はどう乗り越えるのだろうか――。

『みんな照は〝ストイックで厳しい人間〟に見えるかもしれないけど、
同い年の俺から見たら、あんな無邪気な28才はなかなかいないと思うけどな。
俺と違って若い頃から年上Jr.と組まされてきたから、
いつも自分の感情を年上のルールに合わせてきたんだよ。
きっと〝舐められちゃいけない〟的な気持ちもあったと思うけど』

自分や盟友のジェシーに見せる岩本照の素顔は『無邪気で感激屋』だと語る阿部亮平。『それは照の長所でもあるから、Ｓｎｏｗ Ｍａｎでは〝素〟を出せるようにフォローしてやりたい』——とも。

『電車に乗っていて〝指を差される〟というか、
「ああ、俺の話をしているな」って場面、圧倒的に増えましたね。
別に嬉しくもないし嫌でもないけど、
いきなり「明日の天気はどうですか?」と聞かれると、
何だか少しだけ気持ちが高まるんですよ。
だって俺が気象予報士の資格を持ってるの、
100%知ってくれてるわけでしょ!?
単に〝クイズ番組で見るジャニーズの人〟じゃなく、
〝気象予報士の資格を持っているSnow Manの人〟まで知られていたら、
そりゃあそっちのほうが嬉しいもん』

噂によると毎朝、各局の気象予報士がどんな予報を出しているか、こまめにチェックしているという阿部亮平。Snow Manでいる以上は忙しくて気象予報士のレギュラーをゲットするのは難しそうだが、本人は『リモートの時代。チャンスはある』――と諦めるつもりはないらしい。

7th Chapter

目黒蓮

Ren Meguro

目黒蓮と道枝駿佑、初共演で2人に起こる〝新しい化学反応〟

テレビ朝日の土曜ナイトドラマ『消えた初恋』。

『青木はどうやら俺のことが好きらしい……』という勘違いから始まる男子高校生同士のドタバタな恋模様を描く青春ドラマだ。

ドラマ『おっさんずラブ』をきっかけに〝市民権〟を得たBL（ボーイズラブ）ドラマの大本命といえるだろう。

「同名人気コミックの実写版で、何といっても道枝駿佑くん（青木）と目黒蓮くん（井田）のキャスティングが新鮮かつ最高のカップリングですね」（ドラマ関係者）

実は2人には〝共演すべくして共演した〟運命的な共通点があったのだ！

ピュアで優しい青木と、口下手で硬派な井田という設定だったが、いつのまにやら井田の掌の上で転がされている青木の〝恋（勘違い?）〟。

『道枝くんは――
「青木は感情の振れ幅が大きくて、表情もコロコロ変わる。
原作の漫画では目ん玉が飛び出てる顔をしてたり。
コミカルなところと真剣なところがあって、演じる上では難しいな」
――と話してましたけど、実際に本読みをしたときからすごい〝青木感〟が出てたので、
その時点で「信頼して芝居ができる」――と感じてました。
井田は青木に対して純粋に思ったことを言うし、決めるところは決まっているけど、
常にどこか抜けているところもあって。
「その抜け具合をどれくらいまで出すのか」――っていう調整が、
この役の難しさと楽しさかなと思います』〈目黒蓮〉

『僕も本読みのときから、

すごくまじめな井田の〝不器用でちょっと天然なところ〟が出てるなと感じました。

「何で男同士の恋愛が成立するのか？」……長年の疑問が解けました（笑）』〈道枝駿佑〉

2人は今回の共演が初めての〝関わり〟だった。

道枝は――

『話したこともなかった』

――と振り返る。

『Jr.時代に合同のライブに出たことはあったんですけど、特に会話とかはなく。
でも今まで道枝くんがいろんな作品に出てるのは見てました。
道枝くんってJr.の頃からたくさんの作品に出ているイメージがあって。
だから今回一緒にお芝居をして作品を作る中で、
道枝くんからもいっぱい学べたらいいなと思ってます』〈目黒蓮〉

『僕はSnow Manが出てる音楽番組やミュージックビデオを見ていました。
「目黒くんは身長もスラッと高くてクールなんだろうな」――っていうイメージで、
会って話してみるとやっぱりイメージ通りの人』〈道枝駿佑〉

『今まで絡んでいなかった分、
ファンの皆さんは僕たちのペアを新鮮に受け取ってくれていると思います。
〝新しい化学反応〟が生み出せたらいいですね』〈目黒蓮〉

『共通の知り合いで関西出身の（向井）康二くん経由で連絡先を交換させていただいて、
そこから距離が縮まった気がします。
サラッとした気遣いがカッコいい』〈道枝駿佑〉

『やっぱ遠距離って限界がある（苦笑）。
僕があんまり遠距離を得意としないタイプで、
でも実際に仕事で会う回数が増えていって、
だんだん会話も増えて、
〝仲が深まったかな？〟っていうのを個人的には感じてます』〈目黒蓮〉

そんな2人には〝好きな曲が同じ〟という共通点があった――。

目黒が目を輝かせ——

『僕たちにはSMAPさんの『この瞬間、きっと夢じゃない』って曲が大好きだという共通点がある』

——と言うと、道枝も、

『目黒くんがJr.時代にそれを聴きながら電車で稽古場に向かってたっていうのをテレビで見たんです。
〝SMAPさんの好きな曲が同じ〟っていう共通点を言ったら目黒くんが驚いて』

——と重ねる。

『今まで自分が大好きなこの曲で話が盛り上がったことって1回もなかったので。
〝そこ一緒!?〟——っていうのはめっちゃ嬉しくて、かなり盛り上がりました』

——と、嬉しそうに話す目黒。

最後に数々の〝胸キュンシーン〟があるラブコメについて、まず道枝が――

『取材のときも「目黒さんと見つめ合ってください」って言われて見つめ合うとやっぱ照れちゃいます。まあ青木は照れるキャラクターなので、そこは出せたらいいなと思ってるんですけど。恥ずかしさもありながら楽しさもありますね』

――と言うと、目黒は、

『僕はお芝居になったら照れることはありません。〝井田の性格的に〟っていうところもありますし。逆に、しっかり青木を照れさせられるように頑張りたいですね』

――と余裕を見せる。

初めての共演で2人に起こる〝新しい化学反応〟が、これからの目黒蓮と道枝駿佑にとって貴重な財産となることは間違いない。

本気で究めたい〝役者の道〟

「Snow ManとSixTONESのデビューが発表されたとき、我々テレビの制作マンの間では、〝滝沢（ジャニーズアイランド）社長が思い出づくりでデビューさせてあげたのでは〟などという声が多かったのは事実です。まさかSnow ManがSixTONESどころかKing & Princeまで凌駕するほどの人気グループになろうとは……」（民放キー局ディレクター）

ジャニーズ事務所のタレントが新しく番組を始める際、「まず最初にスタッフとして呼ばれる」と自負するテレビマン（ディレクター氏）でさえ見抜けなかった、Snow Manの大ブレイク。

しかしSnow Manの場合、いまだに大ブレイクのきっかけがどこにあったのか、熱心なファンの皆さんでさえ、上手く説明することができないのではないだろうか。

たとえば嵐のケースでいえば、有名なエピソードとして「松本潤が『花より男子』で道明寺を演じたこと」と、当のメンバー全員が認めている。

実際Ｓｎｏｗ Ｍａｎの場合、彼らのライブや舞台に懸ける熱量やパフォーマンスレベルは、デビュー前後で変わってはいないほど、もともと完成度が高かった。

変わったとすれば個々のメンバーの露出度だが、それにしてもデビュー前と〝一変した〟というほどガラリとキャラクターを変えたメンバーがいるわけではない。強いて言えば「メンバー個々が最初から秘めていた魅力に、世間がようやく気づいたから」というのが正しいのかもしれない。

とはいえやはり、向井康二、目黒蓮、ラウールの加入がＳｎｏｗ Ｍａｎの勢いを増し、オリジナルメンバーにも刺激を与えてくれたことは間違いないだろう。

関西ジャニーズJr.のＭＣを担当していた向井康二はともかく、宇宙Ｓｉｘ時代の目黒蓮、少年忍者時代のラウールは決してジャニーズJr.の中で脚光を浴びる存在でもなかった。

特に目黒蓮の場合、Jr.時代は〝落ちこぼれ組〟に近かった。

「14歳でジャニーズに入っていますが、Jr.時代は長い間〝目立たない存在〟でした。バックダンサーにもなれず、舞台袖で裏方の手伝いをしていたこともあったとか」（同ディレクター氏）

しかし20才を機に一念発起した目黒は、ジャニーズで叶えたい夢を書き出した〝夢ノート〟というものを作ったという。

「明確に目標を持って行動し、仕事と向き合うことで自信を持てるようになってきたそうです。それ以来、舞台出演も増えていき、滝沢くんの目にとまるようになったのです」（同氏）

クールなルックスからは想像ができない努力家で――

『根性なら負けない！』

――と言う目黒蓮。

たとえば……

「舞台で、ケガをしたJr.の代役を急きょ務めたのですが、徹夜で振りを覚えてやり遂げ、舞台スタッフから絶賛されていました」（同氏）

――というエピソードもある。

『誰かのピンチは自分のチャンス。
それは友だちや仲間だからこそ、
代役を完璧にやり遂げなければならない。
友だちや仲間の代役だからこそ、
遠慮なく全力で取り組む』

――と、目黒自身は傲るわけでもなく、サラリとこう言い放つ。

「そういった面では確かにクールガイですが、3人の新メンバーに選ばれた際には、『自分しか（Snow Man）オリジナルメンバーに顔が利かないから』――と、向井康二くんとラウールくんの仲立ちというか、進んで〝緩衝材の役割〟に立候補していたと聞きます。気遣いや友情にも厚いからこそ、〝やるときはやる〟態度も評価されているのです」（同氏）

そんな目黒はSnow Manの初主演映画『おそ松さん』では、三男のチョロ松役を演じている。
長身で端正なルックスには似合わない独特のマッシュルームカットが目を引き、コミカルな演技にも——

『難しかったけど思いっ切り〝やり切ること〟で満足のできる演技ができたと思う』

——と自信をつけた様子だ。
今は芝居への意欲が強く——

『グループの〝役者担当〟になりたい!』

——と意気込んでいる目黒。

2021年の新春ドラマスペシャル『教場Ⅱ』(フジテレビ系)に出演した際には、主演の木村拓哉は〝出演者の誰よりも早く現場入りする〟ことで有名だが、目黒はその木村よりも早く現場入りし――

『Snow Manの目黒蓮です!』

――と挨拶を欠かさなかったという。
木村のすべてを吸収するため、休憩やリハーサル中も常に木村を観察していたと聞いている。

『今はすべてが勉強であり修行の場。
『消えた初恋』でW主演を務めさせてもらったけど、現場に一番に入る気持ちは変わっていない。
一時期、道枝くんに「何でいっつも一番なん?」と聞かれて「木村さんの影響」と答えたら、SMAP好きの道枝くんと〝一番争い〟になったけど、3~4日続けて大差をつけて勝ったら、それから道枝くんの入り(時間)が普通になった(笑)』

――と笑いながら話す目黒。

『俺の中にBL寄りの要素が1ミリもなくても、
役者として与えられた役は期待以上の出来で演じたい。
ただそれだけの想いしかない』〈目黒蓮〉

この言葉を聞いたとき、その場にいた誰もがこう感じたという。

「彼は本気で役者の道を究めるつもりなのだ」――と。

〝Snow Manのマッチョ〟に名乗り出た目黒蓮

『ウチ（Snow Man）は〝筋肉〟といえば照くんじゃないですか。
そんな照くんを押し退けようって気はまったくないけど、
「俺にも少しは注目して欲しいな」――って。
やっぱ体ができ上がっていくと、胸を張れるぐらいの自信になりますしね』〈目黒蓮〉

目黒蓮が岩本照に続き、総合フィットネス誌『Tarzan』の表紙を飾った。

甘いマスクとキレキレ上半身の組み合わせは、思わずコンビニの雑誌コーナーに足を止めて見とれてしまうほど。

精悍な顔つきの岩本とはまた違う、確かに本人が言う通り――

『Snow Manのマッチョは岩本照だけじゃないぞ!』

――と主張するに相応しい美しさだ。

「撮影に至るまで目黒くんはダンベルトレーニングや縄跳びに励み、美しすぎる筋肉を作り上げたそうです。インタビューでは普段のトレーニング内容や食事のほかにも、体を鍛える理由についても話しています。彼のパフォーマーとしてのプロ意識は『いつでも動かせるカラダを持っておかないとダメ。歌ったり踊ったり、いつでも高いレベルで軽快に動けるようにしておきたい。筋肉をつけるというよりは、そういうテンションで筋トレをしています』――だそうで、あくまでも〝最高の自分を表現する〟ためにトレーニングに励んでいるのです」

――と、目黒を知る人気放送作家氏は話す。

「表紙撮影に立ち会ったスタッフさんに言わせると、スタジオにシャッター音が響き始めた途端、その空間にいたすべての人が〝息をするのを忘れた〟ほど、目黒くんの美しさに見とれてしまったそうです。あの甘いマスクの下にキレキレでバキバキの上半身がくっついていたわけですからね。ほんの数分前まで穏やかな笑顔で談笑していた目黒くんとはまるで別人。筋トレスペシャリストの資格を持つ岩本照くんの手ほどきを受けて自宅でのトレーニングに励んでいる目黒くんに、カメラマンさんは「いつもの筋トレと同じような感じで」とトレーニングを要求し、自然なトレーニングシーンを撮影したそうです」（同人気放送作家氏）

撮影したのは8月猛暑日の夕方で、目黒がストレッチを始めた途端、全身に汗が光り始めたほどの室温と本気度。

甘いマスクと強い眼力でトレーニングに取り組み、岩本照直伝のダンベル、縄跳び、プッシュアップなど、およそ10種目のメニューをこなしていく目黒。

汗ばむ肌と共に美しい三角筋、上腕二頭筋、腹直筋、腹斜筋などの筋肉を惜しげもなく披露し、それが本誌の紙面に掲載されていた。

『自分なりに加える工夫は、「今日は胸」「今日は肩」とか、何となく気になる部位を分け、YouTubeで動画を検索してトレーニングのメニューに加えることです。

すごいカラダの持ち主さんたちの〝追い込みメニュー〟を参考に、

「自分にはこうすれば活かせるな」――みたいな。

意外かもしれませんけど、1日に鍛える部位は1個か2個。

でも一つ一つみっちりと取り組んで、時間は結構かかっちゃいますね。

〝一度やった部位は中2日間空けて、次の日はまた違う部位を2個くらい鍛えて〟という繰り返しです。

照くんから――

「同じことをやり続けると筋肉が慣れて筋肉痛も来なくなっちゃうから、変化を与え続けたほうがいい」

――って教わったので、マンネリ化しないトレーニングを心がけてます。

筋肉にも休息が必要だけど、休みすぎないのもコツ。

筋肉痛が来なくなったら、また違う動画を探してやってますね』〈目黒蓮〉

――と、筋トレに対する貴重なポリシーやコンセプトも明かしている。

目黒が登場した号の特集は「脂肪を減らす、筋肉を増やす 食トレの強化書」。
美味しい食材が並ぶ味覚の秋、食欲の秋が到来し、トレーニングに活かしながらの食生活を学ぶ企画だ。

『自分が本気で筋トレをするまでは、食生活がこれほど大切だとは知らなかったですね。
たとえば「野菜食ってりゃいいんだろ」みたいな食生活も、間違いといえば間違い。
脂肪を減らしたい人には〝脂肪を減らす食生活とトレーニング〟、
筋肉を増やしたいと思っている人には〝筋肉を増やす食生活とトレーニング〟がある。
俺も今回、今までの知識に加えてさらに学んで、
三大栄養素のP（たんぱく質）、F（脂質）、C（糖質）とV（ビタミン、ミネラル、食物繊維）を加えた〝PFCVバランス〟は参考になった。
トレーニングをする人たちの間で注目されている〝フードテック〟。
これは植物性代替肉や完全栄養食、新しい昆虫食なんかのトレンドとか、
筋トレ業界の変化と成長にどうやってついていくか、
自己流トレーニングの限界も少し感じることができたね』

そう言って振り返る目黒蓮。

『仕事をしながら新しい知識や情報が身につくなんてサイコーすぎた!』

筋トレ&食生活についての新しい知識と情報を得たことで、ますます〝Snow Manのマッチョ〟としてキレッキキレでバッキバキの肉体を披露してくれるであろう目黒蓮。

とはいえ、さすがに昆虫食は……

『ちょっとパス』

——らしいけど。

目黒蓮フレーズ

『目の前で彼の才能をまざまざと見せつけられたからね。
〝いいライバル〟としては意識するけど、
〝友達〟になる気はないよ』

テレビ朝日系『消えた初恋』で初共演した、なにわ男子・道枝駿佑に対する、目黒蓮の偽らざる本音。

『俺は人見知りだし、
特に共演の女子とかに〝無愛想だな〟って思われても何とも思わないけど、
谷口先生役の田辺誠一さんとは、もっともっとお芝居の話をしてみたい。
特に『青天を衝け』で元SMAPの草彅剛さんと共演した印象とか。
ドラマを見た限りでは同じ場面で絡んだシーンはなかったけど、
絶対にスタジオでは見かけているよね?
SMAPフリークとしては、ぜひ話を聞いてみたい』

主役の渋沢栄一(吉沢亮)を食ってしまうほどの芝居を見せてくれた徳川慶喜(草彅剛)。田辺誠一の目には、役者としての草彅剛がどう映ったのか? 共演者の特権(?)で田辺誠一の意見を聞きたい目黒だった。

『もっともっと自分に〝自信〟をつけたい。
そのためにはどうするか？
照くんが体を作るために自分を追い込んでいるように、
俺にも自分を追い込む覚悟が必要なんだよね。
……といってもキツい筋トレをしたいわけじゃないけど（笑）』

自分が出演したバラエティ番組やドラマの録画を見るたび、まだまだ〝自分は足りない〟ことを痛感する目黒蓮。その向上心こそが、彼をワンランク上のレベルに引き上げる。

8th Chapter

宮舘涼太

Ryota Miyadate

〝だて様〟はSnow Manより〝純烈〟!?

11月半ば、コンプライアンスに厳しい現在の芸能界、テレビ界において、唯一失言が許される（?）キャラクター・フワちゃんが、宮舘涼太に向かって〝とんでもない暴言〟を吐いたシーンがオンエアされ、静かな話題になった。

『なんかさ、ジャニーズというよりアンタ、純烈みたいだよ』


フワちゃんが吐いた暴言とは、このセリフ。

苦笑いしか出ない宮舘と、両手を叩いて大ウケのメンバーたち。

フワちゃんはメンバー紹介のVTRと自己紹介で『純烈みたい』と表現したのだが、その純烈とSnow Manが共演する大晦日の紅白歌合戦が楽しみでならない。

一体、宮舘はどんな反応を、日本中のお茶の間に見せてくれるのだろうか。

「確かに宮舘くんのルックスは令和よりも平成、平成よりも昭和寄りではありますし、本人も『貴族キャラが話題になるたびに気にしてた。〝貴族キャラ〟って聞こえはいいけど、要するに〝ルックスが古い〟ってことだよね？』――と、打ち合わせのときに漏らしていましたからね」(番組関係者)

Ｓｎｏｗ Ｍａｎそれぞれの自己紹介で最後に登場した宮舘は、若干キャラを作りながら――

『皆さん、ごきげんよう。
皆さまから〝だて様〟と呼ばれています。
Ｓｎｏｗ Ｍａｎ・宮舘涼太です。
よろしくお願いします』

――と、いつもの調子で挨拶。

これに最初に食いついたのが、ＭＣの東野幸治だった。
よほど宮舘の振る舞いがツボに入ったのか、リーダーの岩本照に、

『(彼は)どうなってる？』

――と確認。

すると岩本は静かに――

『**彼は貴族なんで**』

――と返した。

Ｓｎｏｗ Ｍａｎのファンやジャニーズファンにはお馴染みの〝設定〟でも、東野にとっては、かつての「こりん星からやって来た〝ゆうこりん〟です」の小倉優子と同じ〝イロモノ〟としか思わなかったのだろう。

さらにこのあと、宮舘のパフォーマンス映像が流れ、メンバーが『だて様!』『だて様!』と囃し立てると、宮舘は――

『**愛し合おうぜ**』

――と、いつものリアクション。

ＶＴＲでは、客席を煽り、さらにはセクシー(?)な舌舐めずりをする宮舘の姿が映し出された。

それを見た東野は「(イジリ甲斐のある子やで)」と言わんがばかりに、

『すごいですねぇ〜。ステージで舌ベロベロして』

――とリアクション。

さらに、

『ファンは嬉しいですけど、パッてフワちゃん見たらイヤ〜な顔をしてた』

――と、ひな壇にいるフワちゃんの表情を暴露。

するとフワちゃんは宮舘に向かって――

『なんかさ、ジャニーズというよりアンタ、純烈みたいだよ』

――と、強烈な一発を放ったのだ。

『まぁ確かに、ジャニーズというよりは純烈さん』〈岩本照〉

『むしろ純烈さんに失礼だよ』〈渡辺翔太〉

『でも、だて様が健康ランドの宴会場（で営業している）姿、見てみたい！』〈深澤辰哉〉

『〝おひねり〟って言うんだっけ？ 首から一万円札のレイをかけていそう』〈ラウール〉

『いや、だて様には千円札のほうが色合いが合うんじゃない？』〈目黒蓮〉

『人生ゲームの（おもちゃの）ドル札で十分やろ！』〈向井康二〉

メンバーも、ここぞとばかりに話を転がしていく。

そんな中、阿部亮平は――

『俺はだて様が純烈メンバーになるのは反対側！』

――と異を唱える（↑〝メンバーになる〟なんて言ってないっしょ!!）

『だて様の〝古くてくたびれたルックス〟は、俺たちSnow Manの年輪そのもの。

ほら、森の中に入ると、誰が伐ったのかわからない古い切株があるじゃないですか?

でも古くたって年輪はちゃんとあるから、いっつも南の方角を教えてくれる。

だて様はその切株のような人で、Snow Manにとっての道先案内人だから!』〈阿部亮平〉

何かいかにも「いいコト」を言っている雰囲気だけど、実は阿部くん、キミが一番辛辣な言葉を投げかけているんだからね(笑)。

それはともかく、だて様の〝古くてくたびれた、いかにも昭和風のルックス〟(失礼!)は、「Snow Manにとって絶対に必要」だとメンバー全員一致で認めていることは確かだ。

どうやら宮舘涼太、フワちゃんきっかけで〝純烈にトレード〟されることはなさそうだ(↑当たり前!!)。

〝ゆり組〟2人にしかわからない〝独特の空気感〟

ＳｎｏｗＭａｎ唯一の〝正真正銘〟幼馴染コンビ〝だてなべ〟。

言うまでもなく宮舘涼太と渡辺翔太、通称〝ゆり組（幼稚園 年長組でのクラス名）〟とも呼ばれるこのコンビには、2人にしかわからない、2人にしか通用しない〝独特の空気感〟が存在している。

何せ出生した産院から幼稚園まで共に過ごし、義務教育である小学校と中学校は学区の違いで離れたものの、ジャニーズJr.入りしてからの高校、大学で再び同級生に。

遠慮なくズバズバと言い合える仲を象徴しているのが、やや〝厳しめ〟ながら愛を感じさせるお互いの口調だ。

『よくよく見ると、顔が〝古い〟よな』〈渡辺翔太〉

『〝高貴〟って言ってくれ。

……てか、自分は昔から顔が〝薄味〟のクセに』〈宮舘涼太〉

『誰が京風ラーメンだよ!』〈渡辺翔太〉

またあるときは――

『男のクセに日傘して歩くなよ!

Snow Manのワイルドイメージが台無しじゃん』〈宮舘涼太〉

『美意識に男も女もないだろ!!

……てか、いつから俺たちワイルドなん?』〈渡辺翔太〉

――など、互いに笑顔でツッコミ合うのが日課の挨拶。

どんなやり取りをしても全然険悪にならないのが〝ゆり組〟のいいところ。

そんな宮舘涼太には、渡辺翔太曰く――

『ダテさんはいつもリハ中、なんかブツブツ言っていて気持ち悪い』
『誰かに話しかけてるのか独り言なのか、よくわかんないからめっちゃ怖い』

――という〝クセ〟があるようだ。

渡辺翔太の発言を受けた宮舘涼太は――

『俺は何も言ってないし、翔太以外は誰も聞いていない。
つまり翔太が俺のことを好きすぎて、聞こえちゃいけない声まで聞こえちゃってるんじゃないか』

――と反論する。

さらに——

『翔太曰く——
「話しかけられてるのかな？ それとも独り言なのかな？」ってくらいのボリュームって、
そもそも耳元で囁くぐらいしかあり得ないじゃん！』

——と、完全に渡辺翔太の作り話であることを主張。
もっとも他のメンバーに言わせれば——

『俺にはよくわかんないけど、
それって翔太とダテさんの間で話し合って解決すればいいだけじゃね？』〈岩本照〉

——らしいので、ほぼ関心を持たれていないようだ（苦笑）。
それもまあ、2人にしかわからない〝独特の空気感〟ということで。

宮舘涼太、佐久間大介、それぞれが持っている〝武器〟

1stアルバム『Snow Mania S1』の累計売上枚数が100万枚に迫り、デビューから初の有観客ライブツアーがスタートするなど、嬉しい話題が続くSnow Man。

一時期は11月12日にCDデビューする〝なにわ男子〟のお披露目テレビ出演ラッシュに押されたものの、相変わらずテレビ番組に出演するたびにSNS上で大きな話題になっており、彼らの注目度の高さが伝わってくる。

そんなSnow Manの佐久間大介、宮舘涼太に、この秋から新しいレギュラー番組が増えた。

朝の情報番組『ラヴィット!』（TBS系）のレギュラーとして、、毎週火曜日に2人が交代で出演。

初の冠コーナー「お試しSnow Man」（略して〝ためスノ〟）がスタートした。

これまでもたびたびゲストとして同番組に出演してきたSnow Manメンバー。

佐久間については本書のエピソードでも詳しく触れているが、10月5日の出演時にはアニメオヲタの一面を遺憾なく発揮。

コレクションであるフィギュアの写真が映されると――

『LED仕込んで背面も鏡にして、前から見ても後ろ姿を見れるようにしている』

――と、その細かなこだわりを熱弁。

その圧倒的な熱量の高さに、スタジオにいたジャニーズWEST・桐山照史は明らかに困惑していたが、画面上とは別で、番組公式Twitter〝はみ出しラヴィット!〟では――

『あぁいうことせなアカンなと思った。さっくんのあとに俺の帽子(のエピソード)って弱い!』

――と、悔しさ混じりのコメントを残していた。

こうしたエッジの効いたキャラクターを持っている佐久間は、情報番組やバラエティ番組でのツカミは常にOK。

また朝の時間帯に見ているだけで元気がもらえそうな明るい笑顔ができるのも、間違いなく佐久間の大きな武器になっている。

そんな佐久間に次いで10月12日放送回に出演した宮舘涼太。

番組冒頭、ゲストとして紹介されると礼儀正しく共演者に爽やかに挨拶。

『よろしくお願いします！』

しかし番組内でハムの食レポを求められたのに、口に含んで微笑むだけだったり、ペインターパンツに付いているループが何のために付いているかというクイズに——

『君と僕をつなぐため』

——と答えたり、持ち味の〝ロイヤル〟さも発揮。

番組内で披露した料理では、料理をするだけではなく、Ｓｎｏｗ Ｍａｎの楽曲『Ｓｕｇａｒ』に合わせてカメラ目線で材料を混ぜてみたり。

『混ぜる』とカメラに向かって呟いてみたり。

シッカリと〝宮舘ワールド〟に番組の流れを引き込んでいた。

こうして無意識ながらも笑いに繋げるパフォーマンス力を発揮できることこそ、宮舘涼太の最大の強みなのである。

佐久間の持つヲタク力に優るとも劣らない、いや個々の持つポテンシャルという観点からは、真面目に絶妙なボケを発することができる宮舘だからこそ、情報番組やバラエティ番組で爪痕を残せるのだ。

その点では、もしアニメヲタクぶりがハマらなかったらスタジオ中がドン引きする佐久間にはない、一種の〝安定感〟を併せ持っているともいえるのが宮舘涼太という人間なのだ。

それぞれの強みを活かし、情報番組やバラエティ番組で活躍をしてきた佐久間大介と宮舘涼太。

毎週火曜日朝8時『ラヴィット！』から発信する彼らの元気こそ、コロナ禍で疲弊したお茶の間を癒してくれるに違いない。

ここから2人が〝タレント〟としてどう成長していくのか、期待を込めて楽しみに見守ろう――。

宮舘涼太フレーズ

『デビューしてから〝人が変わった〟とはよく言われます。自分としては「俺は俺のまま」と思うけど、いい意味で「変わった」と言われるのは嬉しいから、もっと言って欲しいかも（笑）』

スタッフの間でも「デビューしてから積極性が目立つようになった」と言われる宮舘涼太。だが古くから彼に期待する関係者は「もっともっと前に出て欲しい。後ろの8人が支えてくれるんだから」と、より積極性を表に出すように促す。「だってスタートがマイナス（消極的すぎる性格）からなんだもん」とは関係者のセリフ。

『ツアー前にさっくん（佐久間大介）に——
「ダテちゃん、俺たち、もっと全力で走ろうぜ。
力尽きたら前向きに倒れようぜ」
——って言われて、すげえ心に響いたんだけど、
きっとアニメのワンシーンのセリフだよね？
そう思うと一気に冷めるんだけどさ（笑）』

残念ながら（？）それは、佐久間大介オリジナルのセリフ。いかにもアニメっぽいし（アニメから）影響は受けているかもしれないけど、『ダテちゃんをポジティブにできるセリフ』（佐久間大介）と本人は自信を持っている。

『メンバーが9人もいたら、仕事量が公平に配分されることなんてあり得ない。
俺はそんなことを嘆くよりも、「自分を高める時間をもらった」と考えたい。
何だっていいんだよ、自分を高めるものは』

確かに宮舘涼太が言うように、9人に限らずグループのメンバー全員に同じだけの仕事量が分配されることはほとんどない。大切なのはそれに腐らず、自分を高めるために〝時間を使おう〟と行動に移せる前向きな精神力なのだ。

9th Chapter

佐久間大介

Daisuke Sakuma

越えなければならない〝ソロ活動の壁〟

A.B.C‐Z・塚田僚一と並ぶ〝アウト〟な人材、危うさでいえば全身に何本もの筋金が入ったアニメヲタクとして知られる佐久間大介は、滝沢秀明副社長でさえ止められないほど、一旦〝暴走モード〟に入ったら事故るまで止まらない（↑イメージです）。

皆さんもそれは、『アウト×デラックス』（フジテレビ系）出演を例に出すまでもなくご承知だろう。

それゆえにバラエティ番組を中心にソロ出演が多いメンバーの1人でもあるのだが、つい先日も生出演していたTBS系『ラヴィット！』の冒頭で「コスパ最強のもの」というテーマに対して『ウマ娘』の名前を挙げて熱弁。

佐久間は、アプリ内での〝課金ガチャ〟について——

『**ガチャを回して可愛い女の子（キャラクター）が見られて育てられるのは、実質タダ**』

——で『コスパが良い』と発言。

さらに——

『**（ガチャの）課金額について話すと事務所に怒られるので言えないです**』

——と、暗に〝数十万円単位〟に上るであろうことを示唆したのだ。

その熱の入ったトークから、自身もマンガ好きをはじめとしたオタク気質であることを認める『ラヴィット！』MCの麒麟・川島明は——

『**なかなか生放送で言える課金額じゃないですよね？**』

——とツッコミを入れ、他の出演者たちが騒然とする一幕も生放送されてしまった。

「『ウマ娘』は実在の名馬を可愛い少女に擬人化した育成ゲームですが、ほんの数ヶ月前にはフェミニスト団体から〝何で制服を着た美少女に擬人化するのか?〟〝巨乳女子高生風のキャラクターは許せない〟など、猛抗議を受けて炎上した育成ゲームです。AbemaTVでお馴染みのサイバー・エージェントのゲームで、フェミニスト団体の抗議を受けても逆にゲーム内の新キャラクターを発表し続けるなど、かえって人気が高まってしまった。とはいえ、そんな曰く付きのゲームに佐久間くんがハマりまくっていることを、ジャニーズ事務所が〝良し〟とするハズもありません」(『ラヴィット!』担当者氏)

佐久間の発言に「ヒヤヒヤしっぱなしだった」という担当者氏は、事前に「佐久間にはあまり自由に喋らせないでくれ」と、ジャニーズ事務所サイドから忠告を受けていたことも明かしてくれた。

「それも彼の〝個性〟を潰すことになるので、どうかとは思いましたけどね(苦笑)。ただ『ウマ娘』にどハマりしていることも完全に把握しているようで、プライベートでゲームを楽しむことは自由でも、ゲームについて発言することは止めたがっている様子でした」(同担当者氏)

そこには当然、『ウマ娘』に対しての抗議活動や、キャラクターの賛否両論が絡んでいるに違いない。

「今の〝新しい〟ジャニーズ事務所は、時代に則した〝一般常識〟に敏感。暴走する〝美少女アニメ愛〟が彼の持ち味ではありますが、自分から炎上トラブルをぶり返すような言動は厳禁です」(同氏)

しかし佐久間は『ウマ娘』の70種類ほどいるキャラクターをすべて育成していることも明かし、中でも推しの〝メジロマックイーン〟の話題になると、暴走トークが止まらなくなってしまった。

幸か不幸か芸能界有数の競馬好き川島が〝ウマ娘寄り〟の話を〝競走馬寄り〟のトークに展開してくれたおかげで、何とか佐久間の暴走にも歯止めがかかり、スタジオは思わぬ盛り上がりを見せてくれたのだが……。

「いやいや、本当にヒヤヒヤしました。しかし思わぬ効果というか、中にはそれまで佐久間くんのアニメヲタクぶりを知らなかった視聴者の方が、〝事務所から怒られる額って想像できない〟〝どれだけ課金しているのか気になる〟などの反響を寄せてくれて、また元からSnow Manのファンの方からも〝今朝も安定の佐久間節〟〝朝から推しについて語ってる佐久間くん楽しそう〟などと、概ね評判が良かったんです。それについては僕よりも現場のマネージャーさんがホッとしていましたね」(同氏)

どうやら今回は事なきを得たが、「アニメヲタクだからこそ彼は面白い」とする新しいファンも多く、これからの佐久間が自分のキャラクターをいかに昇華させていくのか——。

〝これまで以上にソロで活躍できるかどうか?〟の未来は、そこにかかっている。

佐久間大介がアプローチする、あの〝第六世代〟芸人

ジャニーズ事務所のアイドルがバラエティ番組に進出し始めたSMAP以降、共演をきっかけにプライベートでも交遊するメンバーは決して珍しくない。

たとえば木村拓哉と明石家さんまは2人の冠番組『さんタク』まで持っているし、櫻井翔は『櫻井有吉THE夜会』シリーズで共演する有吉弘行に、嵐の活動休止会見当日、直接電話をかけて報告しようとしたぐらいだ。

相葉雅紀は番組共演のみならず、〝ツーリング〟趣味をバイきんぐ・小峠英二と共有しているし、亀梨和也が仕事の悩みを打ち明ける相手はくりぃむしちゅー・上田晋也だ。

最近の若手ではSixTONES・ジェシーと霜降り明星・せいやが週に2~3回はお互いの自宅を往き来しているという。

しかもどちらかといえばジェシーのほうから誘いをかけるそうで、時にはせいやのために手料理を振る舞い、ジャニーズアイドルご用達の東京・恵比寿の会員制バーに連れ立って顔を出すこともある。

そういえばSnowManはかつて〝アイドル〟と〝お笑い〟の融合を目指し、新時代のTVバラエティを担う〝第七世代〟が本物のスターを目指すコンセプトの『7G~7th GENERATION~』という特別番組に出演していた。

MCにあのキングコング・西野亮廣を迎え、四千頭身、さや香、さすらいラビー、宮下草薙らお笑い第七世代の若手と共演。番組終了後も交遊が続いているとの噂は聞かないが、CDデビュー前後のSnow Manにとって、当時は旬の勢い真っ只中の第七世代との共演は、少なからず『それスノ』などのバラエティ番組に活かされている。

「第七世代ではなく〝第六世代〟の芸人ですが、あの山ちゃん(南海キャンディーズ・山里亮太)が佐久間大介くんにアプローチされていると聞いています」(ベテランお笑い作家)

なんと〝山ちゃんが佐久間にアプローチしている〟のではなく、〝佐久間のほうから山ちゃんにアプローチ〟しているのか?

「山ちゃんは自分のラジオ番組『JUNK 山里亮太の不毛な議論』の中で『ヤマサト春のパンまつり』と題した企画(リスナーからトーストの美味しい食べ方やおススメのパン情報を募る)を続けていますが、その企画をきっかけに『それスノ』に出演。番組ではSnow Manのメンバーが〝パンに何を乗せたらウマいか〟を競い、その審査員を山ちゃんが務めたのです」(同ベテランお笑い作家)

山ちゃんは周囲に――

『これ完全に〝パンまつり〟きっかけの企画とオファーだよ』

――と嬉しそうに吹聴しているそうだ。

これまで『アウト×デラックス』(フジテレビ系)で佐久間大介と共演していることをはじめ、ラウール、目黒蓮とは『あざとくて何が悪いの?』(テレビ朝日系)で。阿部亮平とは『東大王』(TBS系)で共演経験がある山ちゃんだが、改めて――

『Snow Man全員の中にいる彼らは、ピンで会うときとはオーラが全然違う。
一人一人のキャラが完全に立っている個性派集団ではあるんだけど、
9人全員が揃った〝圧〟は、全盛期のSMAPさんや嵐さんにも劣らない』

――と話す。

これはもう、最上級の褒め言葉ではないか!

『そんな凄いアイドルなのに、全員がとてもフランクで〝壁〟を一切作らない。
そこに入ってパンを食べながらみんなとキャッキャしていたら、
終盤、俺「自分がSnow Manじゃないか」――って思って。
すっごい仲良くしてくれんのよ!
いや、面白かったなぁ。もうめちゃくちゃ幸せな収録だった』

――絶賛する山里亮太。


『ラウールちゃんとか目黒くんとかは『あざとくて何が悪いの?』で会ってるから。

あと、阿部くんも『東大王』で会ってて、「賢くて綺麗な目をしてるな~」って思ってたけど、
他のメンツも特濃だね。

佐久間くんも『アウト×デラックス』で会ってたけど、やっぱ〝アウト〟だったし。

でもアウトな面を少なからず知ってるからか、本当に優しく接してくれて。

何なら〝この(収録の)あと、メシでも行きましょうよ!〟ぐらいの距離感。

佐久間くんは間違いなく俺を欲してたね』

ひょっとして〝佐久間からのアプローチ〟は山ちゃんの妄想?

『そんなことないよ。
収録のあとに仕事が入っていなかったら、絶対にご飯に行っていたと思う。
山里さんはスゴく頭の良い方で、とにかくリアクションのワードセンスに憧れる。
俺もアニメやフィギュアの話で突っ走っちゃったとき、
山里さんみたいなリアクションやノリツッコミができれば、
もっとトーク番組から需要があると思うんだ。
そういった意味でも山里さんと仲良くさせてもらって、とことん学んでみたい。
決して山里さんの家に遊びに行ったら(奥さんの)蒼井優さんがいるからじゃないよ(笑)。
蒼井さんはアニメの声優もやってるけど、
俺の好きな〝制服系ギャル〟の役じゃないしね』〈佐久間大介〉

何か最後、取って付けたような言い訳の気もするけど(笑)。

番組共演をきっかけに山ちゃんにアプローチし始めた佐久間大介。

『山里さんと仲良くさせてもらって、とことん学んでみたい』

山ちゃんみたいなリアクションやノリツッコミを覚えることで、トーク番組での活躍の場がさらに広がることに期待しよう――。

佐久間大介がまだ見せていない〝素顔〟

ひょっとしたら〝ピン〟の仕事で一番結果を残してきたのは、佐久間大介ではないだろうか。

塚田僚一、三宅健に続いての『アウト×デラックス』(フジテレビ系)出演は、視聴者にインパクトしか与えないほど鮮烈な〝アニメオタク〟、それも〝美少女アニメオタク〟のカミングアウト。

古くからの〝佐久間担〟でさえ、「まさかあそこまでさらけ出すとは……」とテレビの前で震えるほどの大暴走だった。

その後、少しは大人しくなるかと思いきや、その暴走にはますます磨きがかかってしまう――。

「〝アニメオタクだけの人〟にはなってもらいたくないので、どこかで上手くソフトランディングするチャンスが欲しい気がします。彼は頭の回転も早く、どんなテーマのトークにも対応することができると思うので、『ラヴィット!』(TBS系)出演を機に見直されて欲しいですね」(人気放送作家)

そんな佐久間大介を、残る8人のメンバーはどんな風に眺めているのだろうか——。

『基本は素直で真っ直ぐな性格だし、情熱も秘めている。
テレビで見ている分にはぶっ飛んでいるように見えるけど、ちゃんと周りも見えている。
誰も触れないアンタッチャブルなテンションに見えることもあるけど、
実は結構人間臭かったりもする。
一緒にいる時間が長いので、
"何を考えているのか"——顔を見ればたいていのことはわかっちゃいますね』〈岩本照〉

『ダンスもアクロバットもめちゃめちゃできるし、それは誰もが認めている。
それなのに球技が「ウソでしょ⁉」っていうぐらい全然できない。
俺はさっくんには『アウト×デラックス』よりも、
『アメトーーーク！』の"運動神経悪い芸人"のほうが合ってると思う』〈深澤辰哉〉

『瞬間で思ったことや状況を全部口にしないと気が済まないタイプ。
さっくんの脳内は外から丸見えの字幕になっている感じ(笑)。
アニメに対する熱量は、ミステリアスを超えて狂気に近い。
あのキャラを何才まで通すのか、俺には彼に対する興味が尽きない』〈渡辺翔太〉

『なぜか動物の知識が異常にあるんですよ。
植物系はからっきしだけど、動物のクイズだけは、いつもさっくんと代わって欲しいくらいです。
芸能界で〝動物の知識〟といえばアンタッチャブルの柴田さんだけど、
俺の見立てではその柴田さんと同じくらい詳しくて、
しかも初めて名前を聞いたようなマイナーな動物も網羅している。
絶対にただの動物好きじゃないと思います。
残念なのは柴田さんがいる限りトップにはなれないこと(苦笑)』〈阿部亮平〉

『みんないろいろ言ってるけど、俺からしたら誰よりもわかり易すぎて、
むしろ、〝たまにわからなくなる〟ときのほうが多い』〈宮舘涼太〉

そんな声が上がる一方、まだつき合いとしては3年に満たないメンバーの3人は、Snow Manオリジナルメンバーとは佐久間から受ける印象が違うようだ。


『間違いなく誰もが認めるグループの盛り上げ役だけど、そういう人って、家で一人のときはどんな感じで過ごしているのかな？

一回ホテルの部屋が一緒になったときに垣間見えたのは、「意外と何もしゃべらないんだな」――ってことなんです。

だからさっくんの部屋に盗み撮り用のカメラを設置して、〝彼の本性〟を覗き見してみたい』〈ラウール〉

『家で一人のとき、何してんのやろ!?

めっちゃ静かな気がするけど、ぬいぐるみ相手に喋っていても驚けないイメージ』〈向井康二〉

さらに目黒は、イメージではなく、ある程度佐久間を観察しての意見を持っていた――。

『わからないというか〝スゴいな〟って思うのは、さっきまで隣のテーブルで漫画を読んでいたのに、次の瞬間には遠くのほうでアプリゲームに参加して盛り上がったりしているところです。騒いだり落ち込んだり、感情が忙しい人なんですよ。俺とは確実に真逆だから、やっぱり〝スゴいな〟って尊敬するしかありませんね』〈目黒蓮〉

果たして佐久間大介は、本当はどんな〝素顔〟を持っているのだろうか。
おそらく一番良く理解しているのは、岩本照が言うコレじゃないかな～とは思うけど。

『基本は素直で真っ直ぐな性格だし、情熱も秘めている。
テレビで見ている分にはぶっ飛んでいるように見えるけど、ちゃんと周りも見えている。
誰も触れないアンタッチャブルなテンションに見えることもあるけど、
実は結構人間臭かったりもする』

佐久間大介、実はまだまだ披露していない〝奥が深いキャラクター〟の持ち主のようだ。
これからは〝アウト〟な部分以外のキャラクターも発揮して、個人としても、ＳｎｏｗＭａｎとしても、
活躍の場をさらに広げていって欲しい――。

佐久間大介フレーズ

『自分が少しやりすぎなのは、録画を見ていつも反省してますよ。
でもどれだけ周りに引かれようと、
自分が好きなことについては絶対に譲りたくない。
ファンのみんなには、そういう俺を愛してもらいたい』

〝アニメについて語り出すと止まらない〟――誰もが知る佐久間大介の特徴だ。ときに長所にも短所にもなるこの性格を〝引っくるめての自分〟であることをファンの皆さんには理解して欲しいと彼は願う。

『〝黙っていればイケメン〟ってよく言われるけど、
それって決して褒め言葉じゃないよね?
〝イケメン〟のフレーズがあれば何でも許されると思ったら、
大間違いだからな!』

それでもあえて「黙っていればイケメン」の佐久間大介。しかし
イケメンと呼ばれたいがために〝口をつぐむ〟気はさらさらない。
それが佐久間大介のマイルールの一つでもある。

『俺は照にもしょっぴーにもふっかにもなれないし、
ましてや阿部ちゃんのようにクイズ王にもなれない。
康二やめめ、ラウールが新しくメンバーになったとき、
「誰かになろうとするな。自分を究めろ」――ってアドバイスしたんだけど、
それは俺自身にも言い聞かせるセリフだったんだよね』

佐久間大介と新メンバーの間で交わされていた〝意外なアドバイス〟。
確かに佐久間は有言実行で自分を究め、それはバラエティ番組で
活躍する向井康二にも通じる。さあ、次は目黒蓮とラウールの番だ!!

Snow Man

—9人のキセキ—

エピローグ

Ｓｎｏｗ Ｍａｎが２０２１年に、どうしても果たさなければならないリベンジ。
それは12月31日に生放送される『ＮＨＫ紅白歌合戦』のステージだろう。

昨年はデビュー1年目に盟友・ＳｉｘＴＯＮＥＳと共に初出場を果たすはずだったが、だて様こと宮舘涼太の新型コロナ感染により本番10日前に出場辞退を発表。

〝今年こそ〟に懸ける想いは、どの出場者よりも強い。

「今年は昨年と違って有観客ですし、ＳｎｏｗＭａｎらしいパフォーマンスで会場とお茶の間を沸かしてくれるに違いありません」（ＮＨＫ紅白関係者）

その〝リハーサル〟などという気は毛頭ないが、Ｓｎｏｗ Ｍａｎはデビュー以来初の有観客全国ツアー『Ｓｎｏｗ Ｍａｎ ＬＩＶＥ ＴＯＵＲ ２０２１ Ｍａｎｉａ』を10月8日に横浜アリーナからスタートさせている。

2020年1月にデビューし、2021年9月に発売されたファーストアルバム『Snow Mania S1』が初週売上げ84.1万枚と令和最高を記録した彼ら。

しかし、コロナの影響で予定していたツアーライブが2度も開催中止になるなどのアクシデントも乗り越え、遂にデビューしてから初の有観客ライブ。

約1年9か月ぶりの想いを込めたライブでは全29曲でセットリストを構成。

1曲目に披露したデビューシングル『D.D.』や『EVOLUTION』でダイナミックなダンスパフォーマンスを披露したかと思うと、リーダーの岩本照が――

『盛り上がる準備はできてるか!
声出せないけど、ペンライトでよろしく!!』

――と、コロナ禍での〝新しいライブルール〟を呼びかける。

会場に集まった6，400人（最大収容人数の50％）に向け、佐久間大介が――

『デビューしてからこうやってライブすることができなかった。
久々というか、初めて言いたいね。
〝Snow Man、デビューしました！〟』

――と報告すると、会場は割れんばかりの大きな拍手に包まれた。
グループ最年長の深澤辰哉は――

『やっとこの景色が見れた。
やっぱり、皆さんの前でやるパフォーマンスは違うなって。
念願がようやく叶いました。
本当にありがとうございます！』

――と感謝を伝える。

ライブでは激しいダンスナンバー以外にもミディアムバラード『Sugar』から、各メンバーが透明のボックスの中でダンスパフォーマンスを見せた『Super Sexy』など、幅広い楽曲で会場を魅了。

本公演で初披露となった12月1日発売の最新曲『Secret Touch』では、ひと際大きくペンライトが揺れていた。

同グループの名付け親でもある滝沢秀明副社長はこの日の公演を見届け――

『彼らはピンチをチャンスに変えられるグループだと感じた』

――と太鼓判を押し、NHK紅白歌合戦に出場する12月までに、全国7都市32公演を駆け抜ける。

このツアーとNHK紅白歌合戦への出場を通し、SnowManは2022年に向けて大きく飛躍する準備を整えたのだ――。

Snow Man

—9人のキセキ—

〔著者プロフィール〕
池松 紳一郎（いけまつ・しんいちろう）

大学卒業後、テレビ番組情報誌の記者として活躍。後年フリーライターとなり、記者時代の人脈を活かして芸能界、テレビ界に食い込んで情報を収集、発信している。本書では、彼の持つネットワークを通して、Snow Manと親交のある現場スタッフを中心に取材。メンバーが語った言葉と、周辺側近スタッフが明かすエピソードから、彼らの"素顔"を紹介している。

Snow Man ―9人のキセキ―

2021年12月25日　第1刷発行

著　者…………… 池松紳一郎
発行者…………… 籠宮啓輔
発行所…………… 太陽出版
〒113-0033　東京都文京区本郷3-43-8-101
電話03-3814-0471/FAX03-3814-2366
http://www.taiyoshuppan.net/

デザイン・装丁… 宮島和幸（KM-Factory）
印刷・製本……… 株式会社シナノパブリッシングプレス

ISBN978-4-86723-062-6

◆ 既刊紹介 ◆

Snow Man —To The LEGEND—
〜伝説へ〜

あぶみ瞬［著］ ¥1,400円+税

**『ライバルと戦う時間よりも、実は自分自身と向き合い、
自分自身と戦う時間のほうが長い。
その覚悟が出来ていないと夢は掴めない』**〈岩本照〉

**『僕の人生は常に進行形“ing”で生きていきたい。
“Go”はあっても“Stop”はない』**〈ラウール〉

“Snow Man の第1章”は、ここから幕を上げる——。

【主な収録エピソード】

- 岩本照が名前を挙げる“具体的なライバル”
- 深澤辰哉に囁かれる“ある噂”
- ラウールにまつわる“疑惑のエピソード”
- 渡辺翔太が明かす“ジャニーズ伝説”の裏側
- 『ドッキリGP』に懸ける向井康二の“真摯な想い”
- “クイズ王”ゆえの阿部亮平の知られざる苦悩
- 目黒蓮と向井康二の間にある“互いを認め合う強い絆”
- 宮舘涼太が模索する“料理キャラ”
- スーパーポジティブ佐久間大介が売り込む“めめラウ”
- Snow Manと堂本光一の“意外な関係”

SixTONES
—無限の音色—

あぶみ瞬［著］ ¥1,400円+税

**『バラバラな個性を持った6人が集まった時の
“ベストパフォーマンス”は、
楽曲ごとに変わってもいいんじゃない』**〈ジェシー〉

**メンバー自身が語る想い、
側近スタッフが語るエピソードから綴る、
—— SixTONESの“知られざる素顔”！**

◆ 既刊紹介 ◆

Snow Man
—俺たちの歩むべき道—

あぶみ瞬［著］ ¥1,400円+税

『この９人から誰一人欠けることなく前に進みたい！
俺たちは“９人でSnow Man”だから——』

彼ら自身が語った言葉と、
側近スタッフが明かすエピソードで綴る！
Snow Manの今、そして未来——

【主な収録エピソード】

・メンバーしか知らない“リーダー岩本照の素顔”
・深澤辰哉と岩本照——２人の間に育まれた“深い絆”
・滝沢プロデューサー流“ラウール育成法”
・渡辺翔太が心待ちにする“後輩ライバル”
・“心友”から向井康二へのエールと絆
・櫻井翔が注目する阿部亮平の才能
・二宮和也との共演で芽生えた目黒蓮の夢
・宮舘涼太が抱えていた“笑顔”の悩み
・佐久間大介にとっての“人生の師匠”

SixTONES × Snow Man
—go for the TOP!—

あぶみ瞬［著］ ¥1,400円+税

『“６つの個性がぶつかり合って１つの大きな力が生まれる”
——そんなグループになりたい』〈ジェシー〉

『Snow Manは一つの船で、その船に数え切れないほど
たくさんの夢や希望を乗せ、大海に船出する。
俺たちがどこに向かうかによって、
たくさんの夢や希望の“未来”も決まる』〈岩本照〉

彼ら自身が語った言葉と側近スタッフが明かすエピソードで綴る
SixTONES、Snow Manの“**知られざる素顔**”!!

◆ 既刊紹介 ◆

なにわなくとも！
なにわ男子

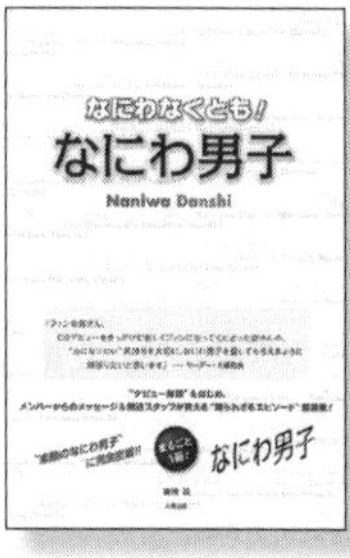

御陵 誠［著］ ¥1,400円+税

『ファンの皆さん、
CD デビューをきっかけに、
新しくファンになってくださった皆さんの、
“力になりたい”気持ちを大切に、
なにわ男子を愛してもらえるように頑張りたいと思います』
〈リーダー・大橋和也〉

“デビュー秘話”をはじめ、
メンバーからのメッセージ&側近スタッフが教える
“知られざるエピソード”超満載！

【主な収録エピソード】

・“なにわ男子デビュー” を決意させたプロデューサー大倉忠義の熱意
・西畑大吾が背負ってきた “関西ジャニーズJr.のセンター” としての責任
・決死の覚悟で番組に臨む、大西流星となにわ男子の “ぶっとい絆”
・“ラブコメ初出演” に懸ける道枝駿佑の想い
・“みちきょへコンビ” は “おねだり上手” と “あげたがり” ？
・“なにわ男子の黄金マンネ” と呼ばれたい―― 長尾謙杜のモチベーション
・『大橋和也は99点の相方』―― 丈橋コンビの “コンビ愛”
・大橋和也が見せる “リーダーとしての矜持”

Snow Man vs SixTONES
―俺たちの未来へ―

あぶみ瞬［著］ ¥1,400円+税

『何があっても俺がSnow Man を引っ張る。
それを改めて８人が認めてくれるような、
そんな男にならなければいけない』 〈岩本照〉

ユニット結成からデビューに至るまでの葛藤、
デビューまでの舞台裏と今後の戦略、
メンバー間の結束と絆――
彼らの知られざる素顔が満載！
側近スタッフしか知らないエピソード解禁 !!